Heidi Witzig

Der Admiral

Heidi Witzig

Heidi Witzig

Der Admiral

1. Auflage Framersheim September 2019
ISBN 978-3-95876-714-0
Covergestaltung: Ernst Trümpelmann, unter Verwendung von
Illustrationen von ©depositphotos.com/dbriyul und Modifikation von
CC BY-SA 4.0 https://commons.wikimedia.org/wiki/File:VanessaAtalanta_
Closeup.jpg Christian Fischer
Satz: Ernst Trümpelmann
Lektorat: Brighton Lectors®

Verlag und Druck:
Brighton Verlag® GmbH, Mainzer Str. 100, 55234 Framersheim
www.brightonverlag.com
info@brightonverlag.com
Geschäftsführende Gesellschafterin: Sonja Heckmann
Zuständiges Handelsregister: Amtsgericht Mainz
HRB-Nummer: 47526
Mitglied des Deutschen Börsenvereins: Verkehrsnummer 14567
Mitglied der GLS Gemeinschaftsbank eG Bochum
Mitgliedsnummer: 58337
Genossenschaftsregister Nr. 224, Amtsgericht Bochum

Bibliografische Information der Deutschen Nationalbibliothek:
Die Deutsche Nationalbibliothek verzeichnet diese Publikation in der Deutschen Nationalbibliografie; detaillierte bibliografische Daten sind im Internet über http://dnb.d-nb.de abrufbar.

Zufälle, die keine sind

Mitte Februar 2010 teilte mir meine Kusine Ingrid aus Thum, einem kleinen Ort in der Voreifel, mit, dass es ihrem Mann Alfred gesundheitlich sehr schlecht ging. Sie fragte mich, ob wir nicht Zeit und Lust hätten, mit ihnen den Rosenmontag im Familienkreis zu feiern. Dieses sei ein großer Wunsch von Alfred. Schon seit einiger Zeit hatten wir vor, dort hinzufahren, doch hier in Mainz hatten wir genug Fastnachtstrubel, deshalb wurde dieser Besuch bis jetzt immer wieder verschoben. Ich hoffte sehr, meinen Cousin Alfred trotz seiner schweren Krankheit noch munter und fröhlich anzutreffen.

Schon am nächsten Tag machten wir uns in der Frühe auf den Weg. Ich las Zeitung, um mich von dem Gedanken an Alfred abzulenken. Dabei nutzte ich die Gelegenheit, die Angebote für einen Nebenjob zu studieren. Seit 2006 war ich in Rente und fühlte mich noch fit genug, etwas Sinnvolles zu tun. Es wurde ein Arbeitsplatz als Haushälterin in der Oberstadt von Mainz angeboten. Dahinter stand eine außergewöhnliche Telefonnummer, die man sich schnell merken konnte. Mein Mann meinte, es könnte etwas Interessantes sein. Ein Versuch kann nicht schaden, sagte ich mir, und das sollte sich auch bei meinem Anruf, den ich gleich während der Fahrt machte, als Glückstreffer bestätigen: Eine nette Dame meldete sich. Ich spürte eine Herzlichkeit in ihrer Stimme und entschuldigte mich für meine Heiserkeit, die in der „fünften Jahreszeit", der Karnevalszeit, bei mir nicht ungewöhnlich war. Die Frau sagte mir, dass es gar nicht so schlimm sei. Mir fiel ein Stein vom Herzen, und ich fühlte mich erleichtert, als sie mir einen schnellstmöglichen Termin nach unserer Rückkehr nach Mainz vorschlug. Mir war, als wäre es ihr sehr wichtig. Ich wünschte mir, dass es sich um einen Arbeitsplatz handelte, der mir Spaß und Freude bereiten würde.

Es war schön, meinem Cousin Alfred mit unserem Besuch eine Freude zu bereiten. Mit seinem Sohn Matthias, dessen Frau

Ingrid und ihren Freunden und Nachbarn feierten wir in einem kleinen Vereinsheim, welches unmittelbar vor Ingrids und Alfreds Haustür lag.

Ich war glücklich, dass er trotz Krankheit sein unverkennbares Lachen und den Humor nicht verloren hatte. So verbrachten wir gemeinsam angenehme und kurzweilige Stunden.

Schon am Tag nach Rosenmontag fuhren wir mit gemischten Gefühlen und traurigen Gedanken nach Hause. Die Vorstellung, ihn vielleicht nie wiederzusehen, machte mir sehr zu schaffen. Schon in der Kindheit war unser Verhältnis zu Alfred und seinem etwas älteren Bruder Oskar eng und geprägt von Fröhlichkeit. Meine Schwester Christel und ich hatten immer viel Spaß, wenn wir als Kinder dort unsere Ferien verbringen durften. Als Berliner Großstadtkinder fühlten wir uns auf dem Land sehr wohl und genossen die Zeit, uns von der Tante und dem Onkel, verwöhnen zu lassen.

Wie alles begann

Schon am nächsten Tag – es war ein kalter Winter, und es lag noch viel Schnee auf den Straßen – bat ich meinen Mann, mich an diesem Nachmittag zur Familie K. zu begleiten. Sie wohnten in Mainz Oberstadt in einem alten, schönen Doppelhaus in der Kartaus, einer kleinen Nebenstraße. Ein alter Brunnen schmückte in der Mitte ein Rondell vor dem Haus.

Was für einen hübschen Arbeitsplatz ich hier hätte, hier würde ich mich wohlfühlen! Herzlich wurden wir beide begrüßt. Eine liebenswerte, freundliche Dame strahlte uns entgegen, und es schien so, als wäre sie glücklich. Beim Eintritt in dieses Haus sagte sie „Es wäre nur schön, wenn Sie ihre Schuhe ausziehen würden. Dieser Schneematsch muss nicht unbedingt in die Wohnung getragen werden." Man merkte gleich, dass alles hier seine beste Ordnung hatte. Ich mochte ihre Art und Weise, sich so auszudrücken, dass ich gleich wusste, woran ich war. Sie sagte es höflich, aber bestimmt.

Es war ein großes Haus, und sie führte uns ein paar Treppen hoch zum Wohn- und Essbereich. Eine rote, runde Esszimmerlampe brachte Gemütlichkeit in den Raum. Hier musste man sich gleich wohlfühlen. Meinen Mann bat sie, sich solange im Wohnzimmer zu setzen, damit wir beide über das Wesentliche sprechen konnten. Im Esszimmer erzählte mir Frau. K., dass sie gemeinsam mit ihrem Mann und Ralf, dem jüngsten von drei Söhnen, hier wohnte. Ralf war selbstständiger Möbelschreiner und, wie sich mir bald zeigen sollte, Meister in seinem Fach: In den Räumen waren von ihm hergestellte, erstklassige und hochwertige Möbel zu bewundern.

In unserem Gespräch machte mir Frau K. aber auch sehr deutlich, dass ihr Sohn bald ausziehen würde, um endlich auf eigenen Beinen zu stehen. Also „Hotel Mama" würde es dann bald nicht mehr geben. „Machen Sie sich, liebe Frau Witzig, keine Sorgen: Sie sind nur für meinen Mann zuständig", sagte Frau

K. und stellte sich mit ganzen Namen vor. Sie hatte zwei wunderschöne Vornamen, doch der erste gefiel mir ganz besonders: IRIS. Wie schön, sagte ich ihr, meine älteste Tochter heißt auch IRIS. Meine Annahme aus unserem ersten Telefongespräch sollte sich also bestätigen: Sie berichtete mir, dass sie sehr krank sei und nur noch kurze Zeit zu leben hätte. Deshalb habe sie es sehr eilig. Sie suche eine passende Person für ihren Mann, die den Haushalt führt. Sie hätte noch eine Krankenschwester in Aussicht, die hier auch gleichzeitig einziehen könnte, und im Haus sei ja genügend Platz.

Dieses Gespräch hatte mich unglaublich berührt, aber auch vor vollendete Tatsachen gestellt. Wie stark müsste ich jetzt sein, um hier, in dieser Familie und dem großen Haus bestehen zu können? Ich nahm diese Herausforderung aus vollstem Herzen an und sagte ihr, dass ich noch einmal kurz nach Berlin reisen müsste. Meine Mutter wurde neunzig Jahre alt, und das wollten wir mit der ganzen Familie feiern. Ich versprach, dass ich mich in drei Tagen ganz schnell zurückmelden würde. Alles war jetzt besprochen, nur würde Frau Iris die Zeit noch reichen? Das wird ein Wettlauf mit der Zeit, so dachte ich, und es dürfte nichts mehr dazwischenkommen.

Sie stellte uns noch ihrem Mann vor, der in der unteren Etage sein großes Büro mit einem Schlafbereich hatte. Ich hatte den Eindruck, dass sofort eine gewisse Sympathie zwischen den beiden Männern entstand. Auch mein Mann hoffte, dass ich diesen Arbeitsplatz bekommen könnte, da er spürte, dass zwischen dem Herrn Professor und ihm auch eine gewisse gleiche Wellenlänge bestand. Als Architekt war der Professor in Mainz sehr beliebt und bekannt. Man merkte sofort, dass er sich mit meinem Mann, dem Bauingenieur und Offizier der Bundeswehr, sicherlich gut verstehen würde.

Sie brachte uns noch zur Tür und verabschiedete sich hoffnungsvoll von uns. Im Bedürfnis, ihr einen zärtlichen Kuss auf die Wange zu geben, sagte ich: „Wir beeilen uns!“ Dieser zarte

Kuss auf ihre Wange tat uns beiden sehr gut. Ich fühlte mich zu Frau Iris hingezogen, ich weckte wohl auch ein herzliches Vertrauen in ihr. Erst viel später bemerkte ich an vielen kleinen Dingen, dass wir ein Stück weit seelenverwandt waren.

Die Fahrt nach Berlin

Ende Februar fuhr ich von Berlin mit der Bahn nach Mainz zurück. Mein Mann musste noch dienstlich in Berlin bleiben. Ich hoffte nur, dass ich schnell und ohne größere Verspätung zu Hause ankommen würde. Unterwegs wurde bekannt gegeben, dass schwere Stürme zu erwarten waren. Ausgerechnet jetzt, wo ich es doch so eilig hatte, nach Mainz zu kommen! Viele Züge fielen aus und auch mein Zug musste wegen umgestürzter Bäume die Fahrt vorzeitig beenden. Ich stieg gezwungenermaßen bereits in Fulda aus und wusste nicht, wie ich noch am gleichen Tag pünktlich in Mainz ankommen sollte. Ich machte mir große Sorgen um Frau Iris und ihren Mann, die auf mich warteten.

Zum Glück konnte ich mit meinem Handy meinen Schwiegersohn Kai erreichen, der mit dem Auto auf dem Heimweg von Berlin nach Mainz war. Ich spürte eine große Erleichterung ich in mir. Wenige Zeit später wurde ich in Fulda abgeholt. Trotz des starken Sturmes sind wir gut zu Hause in Mainz angekommen. Ich war so glücklich, mich gleich am nächsten Tag pünktlich bei Frau IRIS melden zu können.

Frau Iris

Am 1. März 2010 begann mein erster Arbeitstag. Frau Iris und ihr Mann freuten sich sehr, dass ich nach dieser Fahrt unbeschädigt zurückgekommen war. Ich sah in vier leuchtende Augen und wurde herzlich empfangen. Mir wurde klar, dass mir nur wenig Zeit zur Verfügung stand, um mich einzuarbeiten. Frau Iris zeigte mir erst einmal alle Räumlichkeiten. Sie wirkte etwas müde und geschwächt und musste zwischendurch leicht husten. Dabei versuchte sie, sich immer zu entschuldigen. Mir fiel es nicht leicht, die passenden Worte zu finden.

Aber sie war auch eine starke Kämpferin. Obwohl ihr jeder Gang schwerfiel, ließ sie es sich kaum anmerken. Immerhin hatte dieses Haus zahlreiche Treppen mit vielen Stufen, die sie bewundernswert bewältigt hat! Was sie sagte, war gezielt überlegt, sie hatte alles genau bis ins Letzte geplant. Mir war noch gar nicht richtig bewusst, dass uns diese liebe Frau Iris bald für immer verlassen würde. Ein paar kleine Wünsche hatte sie noch: Ich sollte ihr eine Spargelsuppe kochen, obwohl es gar keinen frischen Spargel gab. Sie begnügte sich mit einem Tütchen Fertigsuppe zur Mittagszeit. In ihrer Bescheidenheit lobte sie mich und war zufrieden mit meiner bescheidenen Kochkunst. Wie gerne hätte ich ihr eine echte Spargelsuppe gekocht, doch sie konnte nicht mehr allzu viel Nahrung zu sich nehmen.

Danach gingen wir ins Schlafzimmer. Sie hatte noch einige Bügelwäsche, und ich sollte ihr zeigen, wie ich die Wäsche nach dem Bügeln zusammenlegte. Auch das fiel zu ihrer Zufriedenheit aus. Nur bei den Oberhemden ihres Mannes müsste ich immer den dritten Knopf von oben zuknöpfen, das war ihr sehr wichtig. Das sorgte für die Bequemlichkeit beim Anziehen der Oberhemden. Außerdem musste ich feststellen, dass die Hemden dadurch viel besser und schöner im Schrank und auf den Bügeln hingen. Diese spezielle Ordnung wollte ich unbedingt beibehalten und alles in ihrem Sinne weiterführen.

Alles Weitere würde ich mir selber aneignen und mich zurechtfinden. Sie hatte nur noch einen ganz kleinen, aber für sie doch großen Wunsch: Schon am nächsten Morgen sollte ich sehr früh kommen, um ihr ihre Haare etwas kürzer zu schneiden, denn für einen Friseurbesuch würde es sich nicht lohnen. Oh, mein Gott, was hätte ich noch alles für diese liebenswerte Frau getan! Da ich noch einige Erfahrungen aus meiner früheren Ausbildung als Friseurin hatte, war es für mich eine Kleinigkeit, ihren Wunsch zu erfüllen und sie auf diese Weise etwas glücklich zu machen.

Wie sollte es jetzt bald ohne diese liebe Frau hier weitergehen? Ich stellte mir viele Fragen, die mir jetzt allerdings noch niemand beantworten konnte. Auch, wie man hier mit der Trauer umgehen würde und wie ich mich dabei verhalten sollte, war mir noch unklar. Aber die klare Frage von Frau Iris, ob ich mir diesen Haushalt zutrauen würde, beantworte ich spontan mit „Ja", gerne sei ich bereit, diesen Arbeitsplatz anzunehmen. In ihrem zarten Gesicht und in ihren Augen, sah ich ein warmes Gefühl der Erleichterung aufflackern. So konnte ich ihr noch etwas über meinem Lebenslauf schildern:

Mein Lebenslauf für Frau Iris

30 Jahre lang war ich berufstätig bei der Bundeswehr. Mit meinem Mann Arno, der auch bei der Bundeswehr als Schreiner arbeitete, hatte ich drei erwachsene Kinder. Ich war erst 17 Jahre jung, als ich unsere Tochter Iris bekam, und im Alter von gerade erst einmal 40 wurde ich bereits Oma. Nun sind es bereits fünf Enkelkinder. Ich bin froh, dass meine gesamte Familie in Mainz wohnte.

Frau Iris lächelte mir zu, und alles schien ihr sehr zu gefallen, auch, dass meine Tochter Iris hieß. Sie liebte es, eine Familie, Kinder und Enkel zu haben, genauso wie ich. An den vielen netten und hübschen Familienfotos, die an der Wand hingen, konnte ich ihr nachfühlen, wie sehr sie an allen hing. Jetzt freute ich mich immer mehr auf diesen schönen Arbeitsplatz. Kurz: Ich bekam die Stelle im Hause des Professors.

Auszug aus der Kartaus

Alles ging jetzt sehr schnell. Mit der Gewissheit, alles erreicht und nach ihren Wünschen erledigt zu haben, konnte sie jetzt ins Hospiz nach Drais gehen. Anfang März wurde der kleine Umzug durchgeführt. Obwohl sie nur das Nötigste mitnahm, fiel mir auf, dass der rote runde Teppich vor einer alten und sehr schönen Kommode im Esszimmer fehlte. Dieser rote Teppich sollte das Schmuckstück in ihrem neuen Zimmer sein. Sie liebte diese frischen Farben, die Wärme ausstrahlten, so wie auch ihre große, runde Esszimmerlampe.

Herr K., ab jetzt nenne ich ihn „mein Chef", bat mich, mit ihm ins Hospiz zu seiner Frau zu fahren.

Dort hatte ich ein paar Tage später noch einmal die Gelegenheit, mit Frau Iris zu reden und mich von ihr für immer zu verabschieden. Ich werde diesen Augenblick nie vergessen: Wie schön doch ihr Zimmer war! Die Gardinen waren in einem wunderschönen Blau mit gelben Blüten gehalten und von Sonnenstrahlen angeleuchtet, die durch ihre Fenster schienen. Vor ihrem Bett lag ihr geliebter roter runder Teppich, der ebenfalls von der Sonne angestrahlt wurde. Hier konnte sie sich noch in ihren letzten wenigen Tagen wohl fühlen. Sie wirkte zufrieden, ja ‚sogar glücklich.

Bis ins Kleinste hatte sie alles vorbereitet und diesen Zeitpunkt geplant, sich von all ihren Liebsten zu verabschieden. Mit aller Kraft begleitete sie mich noch bis zur Tür. Wie stark und bewundernswert sie doch war! Wie gerne wäre ich noch länger bei ihr geblieben! Mein Chef ging schon ein wenig voraus, sie hielt ganz kurz meine Hand und fragte mich, ob ich noch etwas wissen möchte. In meiner ganzen Traurigkeit konnte ich nur antworten, es sei alles in bester Ordnung. Zum Abschied umarmte ich sie und spürte, dass sie erleichtert und glücklich war. Aus meiner Hand pustete ich ihr einen letzten Gruß zu. Ihren letzten Blick aus dem Fenster mit einem liebenswerten Lächeln werde ich nie vergessen. Noch in dieser Nacht schlief sie friedlich ein.

Trauer um Frau Iris

Meine Aufgabe, Hausdame und vieles andere zu sein, machte mir viel Freude. Schnell hatte ich mich eingewöhnt und konnte die Wünsche meines Chefs erkennen und zum größten Teil auch ausführen. Auch hatte ich stets ein Gefühl der Geborgenheit in diesem Haus, und dass unsere Frau Iris immer in unserer Nähe war.

Die Trauerfeier wurde in der Lutherkirche abgehalten. Als er erfuhr, dass mein Mann auch Orgel spielte, bat er ihn, dies für seine Frau zu tun. Wir waren beide froh darüber, dass sie auf diese Weise von uns noch einen letzten Gruß mitnehmen konnte.

In der sehr bewegenden Predigt wurde über den Lebensweg der Familie berichtet und es war interessant, zuzuhören. Erst jetzt erfuhr ich sehr vieles über diese selbstbewusste und starke Frau. Aus jedem Wort hörte man über ihre guten und ehrenamtlichen Taten. Sie war für alle anderen da, ohne sich damit in den Vordergrund zu stellen. Frau Iris war fähig, ihre eigene Persönlichkeit zu entfalten und ganz unverwechselbar zu sein. Dabei konnte sie für die Menschen ein wirkliches Gegenüber darstellen, der dem anderen seinen Freiraum ließ.

Jetzt lernte ich die gesamte Familie meines Chefs kennen. Wie schade, dass es aus diesem traurigen Anlass war: drei erwachsenen Söhne, zwei Schwiegertöchter und zwei nette Enkel. Viele Trauergäste, darunter Nachbarn, Freunde und Menschen, die in seinem Hause willkommen waren, befanden sich unter den Trauernden. Noch konnte ich das alles nicht einordnen, aber die Zeit würde es mit sich bringen. Ich spürte ein wenig Stolz in mir, dass mich der Weg zu diesem Haus in der Oberstadt geführt hatte.

Frau Iris wollte nicht in ihrer Umgebung oder auf dem Hauptfriedhof Mainz bestattet werden. Sie hatte den Wunsch, auf dem Waldfriedhof in Mombach beigesetzt zu werden. Ich sah bei dieser Urnenbeisetzung, wie vorteilhaft dieser Friedhof sich in den letzten Jahren verändert hatte, und dass es sogar eine ganz neu angelegte „anonyme Wiese“ gab. Alles sah noch so unberührt, gepflegt und leer aus. Hier wollte sie ihre letzte Ruhe finden. Nur die Familie und die engsten Freunde waren anwesend. Ein letztes Geschenk ihres Sohnes Ralf war die von ihm angefertigte wunderschöne Kirschbaumurne. Nach dem Gebet der Pfarrerin reichte uns die Schwiegertochter Anne eine Schale mit Lilien, auch Iris genannt. Jeder sollte diese als letzten Gruß einpflanzen.

IRIS, immer ging mir dieser Name durch den Kopf. Auch meine Tochter wurde in Berlin geboren, wie Iris, die Frau meines Professors. Vieles kam mir im wahrsten Sinne des Wortes sehr „merkwürdig“ vor. Doch jetzt war noch nicht die Zeit, darüber nachzudenken und zu sprechen.

Mein Lebenslauf:

Umzug von Frankreich nach Mainz-Mombach

Mit unseren drei Kindern zogen wir 1974 von Frankreich nach Mombach, wo meine Tochter Iris heute noch in der Straße, die zum Friedhof führt, wohnt. Wir mochten die schöne Umgebung mit einem großen Wald, der gleich hinter unserer Wohnsiedlung begann. Hier gab es noch eine Menge schöner Obstplantagen und Schrebergärten. Gerne war ich mit den Kindern zum Waldfriedhof gelaufen. Für mich galt er als Ruhepol mit seinen Blumen, Eichhörnchen, Vogelgezwitscher und freundlichen Menschen. Hier konnte ich auch meinen Verstorbenen näher sein, die weit von mir entfernt waren, in Berlin-Spandau. Später zogen wir innerhalb Mainz um, nur meine Tochter Iris blieb in Mombach. Hier fühlte sie sich wohl und blieb dort sesshaft.

Ähnlichkeiten

Während der Beisetzung gingen meine Gedanken zu meinem 1984 verstorbenen Vater Anton Baum. Auch er wurde auf der ersten, neu angelegten anonymen Wiese in Berlin-Spandau beigesetzt. Neben seiner Urnengrabstelle stand eine noch ganz junge und kleine Kiefer. Mehr als dreißig Jahre sind seitdem vergangen, diese Kiefer neben Frau Iris schien mir genauso alt zu sein. Ich liebte Bäume, das brachte vermutlich mein Nachname „Baum" so mit sich. So fing ich eines Tages an, Bäume mit ihren – im Stamm nur für mich erkennbaren – Gesichtern zu malen.

Der Sohn Ralf ist Schreinermeister für anspruchsvolle Möbel. Auch hier wurde ich nachdenklich. Zwar war mein Mann aus erster Ehe kein Meister und Möbelschreiner, doch war er in seinem Fach stets als sehr guter Schreiner bekannt. Besonders unsere Tochter Iris liebte alles, was aus Holz war, gern hatte sie gemeinsam mit ihrem Vater kleinere und auch größere Holzarbeiten durchgeführt.

Meine Gedanken gingen von Frau Iris auch zu meiner Mutter Else Baum. Mit ihren neunzig Jahren hatte sie bereits ein sehr schönes und hohes Alter erreicht. Ich würde im Falle ihres Todes mit Ralf reden und ihn bitten, für meine Mutter Else ebenfalls eine schöne, hölzerne Urne anzufertigen.

Jede Woche stellte ich Blumen vor das Bild von Frau Iris. So manches Mal hatte ich mich davorgesetzt und mit ihr gesprochen, und immer wieder hatte ich mich für diesen wunderschönen Arbeitsplatz bedankt. Alles passte gut zusammen, jeder konnte sich nach und nach auf den anderen einstellen und verlassen.

Im August des gleichen Jahres bekam ich die Nachricht von meiner Kusine Ingrid, dass mein Cousin Alfred in Thum verstorben war. Auch er hatte es damals im Februar sehr eilig, mich zu sehen.

Ein Grund mehr, über seltsame und ungewöhnliche parallele Ereignisse nachzudenken ...

Arbeit und Leben im Hause des Professors

Ich hatte einige Zeit gebraucht, um mich in diesem Haus in den zahlreichen Räumlichkeiten mit Nischen und Türen und Treppenaufgängen zurechtzufinden. Vor einem Jahr, noch zu Lebzeiten von Frau Iris, hatte ich mich darüber noch amüsiert, dass alles hier irgendwie sehr „verschachtelt" war. Sie hatte gelacht und mir recht gegeben. Mein Mann war da anderer Ansicht und meinte, „Du willst es dir doch mit einem Architekten in seinem von ihm umgebauten Architektenhaus nicht gleich verderben, oder?"

Sohn Ralf wohnte immer noch zu Hause, und das war gut so. Auf diese Weise war sein Vater nicht ganz alleine im Haus. Trotz seiner vielen Freunde und Besucher war es meiner Ansicht nach gut, wenn sich jemand in seiner Nähe befand. Seine Disziplin, sich geistig wie körperlich fit und ausdauernd zu halten, setzte mich immer wieder ins Erstaunen und Bewunderung.

Zu meiner Freude lernte ich hier einen wichtigen Menschen und Freund im Hause meines Professors kennen. Mit diesem plante und führte er immer wieder größere Reisen im In- und Ausland durch. Ich freute mich stets auf diesen fröhlichen Besuch und anschließend auf die Erlebnisberichte und Fotos dieser beiden interessanten Menschen.

Der neunzigste Geburtstag

Im Oktober 2011 feierte mein Chef in der Aula der Fachhochschule Mainz seinen neunzigsten Geburtstag. Mit welcher Freude und Hingabe er dieses große Fest geplant und ausgearbeitet hatte, war für uns alle erstaunlich und bemerkenswert. An alle Freunde und Bekannten hatte er handschriftlichen Einladungen verschickt.

Es wurde ein wundervolles Fest im Kreise seiner Familie und unglaublich vielen interessanten Freunden. An alle hatte er gedacht, und wie gerne hätte er jetzt seine liebe Frau Iris mit den gemeinsamen kostbaren Erinnerungen an seiner Seite gehabt. Danke, lieber Professor, dass mein Mann und ich dabei sein durften. So bekamen wir einen Einblick aus ihrer persönlichen Architektenwelt.

Meine Tochter Iris

Es war zugleich aber auch das dritte Jahr, in dem sich meine Tochter Iris von mir und meinem Mann völlig zurückgezogen hatte.

Seit August 1986, nach der Geburt ihres Sohnes Patrick, hatte meine Tochter Iris gesundheitliche Probleme. Sie war damals 23 Jahre alt und wohnte in Mainz-Mombach, ganz in unserer Nähe. Ein Anruf von meiner Tochter hatte mich damals schockiert: Sie bat mich um schnelle Hilfe für ihren Sohn und sich selbst. Ich ahnte Schlimmes und fuhr von meinem Arbeitsplatz aus sofort zu ihr. Dort musste ich erkennen, dass ich ihr bei ihrem psychischen Zustand nicht weiterhelfen konnte. Dies bedrückte mich sehr. Früher kannte ich sie als immer fröhliche, zuverlässige und selbstständige Frau, und sie gab mir nie das Gefühl, dass sie mich braucht. Nun aber zeigte sie alle Anzeichen einer tiefen Depression.

Kurz darauf hatte sie – einmal wieder – jeglichen Kontakt zu uns abgebrochen. Wir wussten nie genau, worunter sie wirklich litt und konnten mit diesem Verhalten nicht richtig umgehen. Oft vergingen Wochen und Monate, in denen meine Tochter jeglichen Kontakt verhinderte. Sie ließ es dann auch nicht zu, dass ich Verbindung zu ihr aufnahm.

Manchmal jedoch war meine Bitte, mich zu besuchen, von Erfolg gekrönt: Sie kam dann, als sei nichts gewesen, und wir konnten wieder unbeschwert lachen. Dabei benahmen wir uns manches Mal wie Geschwister. Was sind schon 17 Jahre Unterschied? Außerdem war sie in diesen Momenten für alles offen.

Ich freute mich einfach, dass ich sie jeweils nach einer Zeit des Schweigens wieder bei mir hatte. Vor allem konnte ich sie ein wenig aufmuntern und spürte auch eine leichte Besserung bei ihr.

Immer wieder litt ich sehr darunter, dass sie in der Folgezeit mit zunehmender Häufigkeit und Dauer den Kontakt zu mir abbrach. Auch, dass ich auf diese Weise mein Enkelkind Patrick kaum noch sehen konnte, war schmerzhaft für mich. Zwischenzeitlich erfuhr ich zufällig, dass ihre Ehe gescheitert war. Ich hoffte so sehr, unseren Kontakt nun neu herstellen zu können und glaubte daran, dass diese Trennung vielleicht das Beste für sie und ihre Gesundheit wäre. Mein Schwiegersohn tat ihr meiner oder unser aller Meinung nach nicht gut. Mein Wunsch, meine „alte" Iris wie früher zurückzugewinnen, blieb jedoch nur Illusion.

Sie lebte eine Weile ihr eigenes Leben und schien auch ohne Kontakt zu mir glücklich zu sein. Irgendwann lernte sie ihren zweiten Mann Ralf kennen, aber das Wechselbad des „Mich-Kennens" und „Nicht-Kennens" ging genauso weiter. Zu ihrer Hochzeit waren wir nicht eingeladen, auch keines ihrer Geschwister. Selbst unser Schwiegersohn „kannte" uns in dieser Zeit nicht, was für uns alle unerklärlich blieb. Erst im Laufe der Jahre erfuhren wir, dass sie ständig und seit Jahren in psychiatrischer Behandlung war. Wir wurden nie richtig informiert, was es mit ihrer Krankheit auf sich hatte. Wie gerne hätte ich als Mutter sie begleitet und einiges darüber erfahren.

Bis 2012 hatte sich ein erträglicher Zustand eingependelt, währenddessen ich meine Tochter zeitweilig sehen konnte. Mein Mann half mir dabei immer wieder, den Kontakt zu ihr aufrecht zu halten. Vor ihrem Aufenthalt in einer psychiatrischen Reha-Klinik hatten wir noch ein harmonisches Treffen bei ihr zu Hause. Meine Schwester Christel war gerade aus Berlin zu meinem Geburtstag angereist, und wir wünschten meiner Tochter Iris noch alles Gute und vor allem viel Gesundheit. Ich hätte sie zwar gerne bei meiner Geburtstagsfeier dabeigehabt, war aber glücklich, dass sie dort endlich Hoffnung auf Hilfe und Heilung hatte. Kaum hatte ich das an meinem Geburtstag ausgesprochen, rief mich meine Iris aus der Reha-Klinik an. Sie klang sehr fröhlich und wünschte mir von Herzen alles Gute. Für mich war es seit längerer Zeit das schönste Geschenk von meiner Tochter und ich bedankte mich für den Blumenstrauß, den mir ihr Mann Ralf überreichte.

Einige Tage später erfuhr ich durch Zufall, dass sie viel früher als geplant aus der Reha zurückgekommen war. Auf die Frage an meinem Schwiegersohn, wann ich Iris sehen oder besuchen dürfte, kam die Antwort, es war mal wieder soweit: Sie möchte mich nicht sehen. Wieder und immer wieder wollte ich wissen, was eigentlich mit ihr los sei. Selbst mein Schwiegersohn wollte oder durfte nicht mit mir reden. Auch hätte sie mich nicht in ihre Wohnung gelassen, sagte er, wie schon so oft. Immer mehr musste ich mich zurückziehen, so weh es auch tat.

Ich selbst musste eine Lösung finden, damit es auch mir weiterhin seelisch und körperlich gut ging. Mit meinem Enkelkind Patrick, der inzwischen 27 Jahre alt war, hatte ich zum Glück den Kontakt gehalten. Ich wusste, dass es für meine Iris sehr wichtig war, zu wissen, dass es ihrem Sohn gut ging, auch wenn sie es ihm und mir gegenüber nicht immer zeigen konnte.

Glücklicherweise lenkte mich meine Arbeit bei meinem Chef ein wenig ab, und ich konnte hier über einige meiner Sorgen reden. Er brachte viel Verständnis für meine Situation auf, sodass ich nach jedem Gespräch Erleichterung verspürte und sorgloser in die Zukunft blicken konnte.

Je älter ich wurde, kam es mir immer mehr so vor, dass dieses Jahr besonders schnell vergangen war. Wir alle kennen diesen Satz. Die Vorfreude auf die Advents- und Weihnachtszeit lenkte mich von meinem Kummer und den Sorgen um Iris ab. In jedem Haushalt möchte man doch zu Weihnachten ein gemütliches Heim schaffen. So auch für meinen Professor und seine Familie.

Der zweitälteste Sohn kam mit seiner Frau und den beiden Enkelkindern aus Berlin angereist. Mit meiner unkomplizierten und fröhlichen Art versuchte ich, auch für die Enkelkinder des Professors Wärme und Abwechslung ins Haus zu bringen. So gut ich konnte, wurde alles wie im Vorjahr weihnachtlich vorbereitet und geschmückt. Es war das zweite Weihnachtsfest nach dem Tod von Frau Iris.

In der Rolle der „Hausmutter für alle" fühlte ich mich sehr wohl und schätzte mich sehr glücklich. Trotzdem wollte und konnte ich den Kindern und der Familie nicht ihre Oma und Mutter ersetzen. Aber sie genossen meine Fürsorge und im Laufe der Zeit freundeten wir uns immer mehr an.

Dabei war mir meine neu erwachte Freude am Backen sehr behilflich, um weihnachtliche Gerüche in dieses Haus zu zaubern. Wir alle mögen doch, wenn es nach Pfefferkuchen und Leckereien duftet. Früher hatte ich nie gebacken, das hatten meine Töchter Iris und Sabine und sogar mein Sohn Helge übernommen.

In der Kartaus

Im Hause meines Chefs lernte ich viele interessante Menschen kennen, die hier immer herzlich willkommen waren und für interessante Gespräche und gute Unterhaltung sorgten. So auch eine nette Nachbarin namens Gerhild, die ich in der Lutherkirche nach der Trauerfeier für Frau Iris kennenlernte. Sie gehörte zu diesen Menschen, die sich rührend in schweren Zeiten um die Familie gekümmert hatten. Wir verstanden uns auf Anhieb und stellten nach und nach fest, dass wir viele Gemeinsamkeiten hatten. Wir trafen uns ab und zu auf einen Sprung bei ihr nebenan zum Kaffee.

Drei Freundinnen

Nun hatte ich in meiner langjährigen Freundin Margot und Gerhild zwei liebe Menschen, mit denen ich Bummeln und Kaffeetrinken ging, soweit es unsere Freizeit erlaubte.

Mit Gisela, der dritten in der Runde, tauschte ich meine Erlebnisse vor vielen Jahren in unserem gemeinsamen Dienst aus. Jetzt gingen wir einmal in der Woche schwimmen. Diese Zeit musste nun ausreichen, um alles zu bereden und Neues zu erfahren. Sie lebte allein, hatte aber nie Langweile. Im Gegenteil, ihr Terminkalender war immer voll. Eines Tages meinte es das Schicksal nicht gut mit Gisela. Sie verlor eine ihrer reizenden Töchter durch eine heimtückische Krankheit. Sie war fast im gleichen Alter wie meine eigenen Töchter. In dieser Zeit war für Gisela nichts mehr so, wie es einmal war. Aber was ich an ihr bewunderte, dass sie offen darüber reden konnte. Ich dachte, wieviel Kräfte die Mütter aufbringen müssen, wenn das eigene Kind vor ihnen ging. Ich litt mit ihr und dankte dem lieben Gott, dass ich noch meine drei Kinder hatte.

Alles fing im neuen Jahr so gut an

2013: Der Frühling war für mich die schönste Jahreszeit. Endlich spielte sich das Leben wieder draußen ab. In beiden Haushalten machte es mir Spaß, die Garten- und Terrassenmöbel aufzustellen und die ersten Blumen zu pflanzen. Glücklich war ich immer, wenn ich arbeiten und mich bewegen konnte.

Im Sommer feierte ich meinen Geburtstag zu Hause im kleinen Kreis. Ich war froh, dass mein Enkel Patrick, zu dem die Beziehung zwischendurch ebenfalls verlorengegangen war, meine Einladung annahm. Ich sollte mir etwas von ihm wünschen. Zufällig hatte ich in der Stadt zwei weiße, in der Größe sehr unterschiedliche Vasen mit einer ungewöhnlichen Form gesehen, die mir sehr gefielen. Die kleinere Vase wünschte ich mir von ihm. Sie war schlicht und hatte eine kleine Öffnung für nur einen einzigen Blütenstiel: eben etwas ganz Besonderes.

Am Nachmittag kam die Familie mit vielen schönen Geschenken. Mein Enkel Patrick meinte es besonders gut und überraschte mich mit zweien dieser Vasen. Er wusste noch, dass ich zur Dekoration meiner Fensterbänke gerne zwei gleiche Gegenstände aufstellte. Diese Idee habe ich aus den Niederlanden mitgebracht, wo uns auch Patrick besuchte, als mein Mann dort für einige Jahre gearbeitet hatte. Hocherfreut bedankte ich mich für das unerwartete Geschenk. Als ich die Vasen nebeneinander stellte, drängte sich mir der Gedanke auf, dass sie aussahen wie moderne Urnen. Schnell wischte ich diesen Gedanken fort und erfreute mich an allen anderen Dingen, vor allem aber an meinen Gästen. Dennoch war ich traurig, da mir meine Iris so sehr fehlte. Kein Anruf, keine Karte oder Wünsche durch Patrick an mich …

Meine Tochter Iris fehlt an meinem Geburtstag

Wie gerne hätte ich jetzt meine Tochter Iris nach so langer Zeit wieder dabeigehabt. Gemeinsam mit ihrem Sohn Patrick, ihrer Schwester Sabine und ihrem Bruder Helge und ein paar anderen Gästen hätten wir eine gute Zeit miteinander verbracht. Mit der Sorge um meine Tochter Iris war mein Geburtstag nur halb so schön. Ich hoffte doch so stark, dass sie mich wenigstens noch anrufen würde. Leider wartete ich vergebens.

Sabine war mit dieser Situation überfordert. Mehrfach hatte sie mir schon berichtet, dass sie Iris schon seit einigen Jahren als etwas merkwürdig empfand und sie ihr bereits in der Jugend oft auf die Nerven gegangen sei. Das hatte ich nie so bemerkt. Dennoch liebte sie ihre Schwester sehr und hätte alles für sie getan. Ich selbst hatte Iris immer als besonders fürsorglich, hilfsbereit, umsichtig und zuverlässig beobachtet. Sie hatte bereits als Kind unaufgefordert gerne eine Art Mutterrolle über ihre jüngeren Geschwister übernommen. Ich konnte mich immer auf sie verlassen und hatte eine sehr gute Beziehung zu ihr.

Der Tag, an dem sich für mich alles veränderte

Eine Woche später hatte meine Freundin Ilse aus Koblenz Geburtstag. Iris erinnerte mich früher immer daran. Sie war in dieser Beziehung mein „Gedächtnis“, da sie fast jeden Geburtstag im Familien- und Freundeskreis behielt.

Ilse und ich sind etwa gleichaltrig und hatten uns in den siebziger Jahren in Frankreich kennengelernt. Unsere Männer arbeiteten gemeinsam bei einer Dienststelle der Bundeswehr in Fontainebleau. Oft plauderten wir über die vielen lustigen Begebenheiten, die wir damals gemeinsam mit ihrem Mann Willi, meinem Mann Arno und unseren Kindern hatten.

Auch in diesem Jahr wurde ich an Ilses Geburtstag erinnert, aber auf eine nicht geahnte Art und Weise, die mein Leben und das meiner Familie schlagartig verändern sollte.

An diesem Tag hatte ich mich auch mit meiner Freundin Gerhild verabredet. Es sollte ein sehr heißer Tag werden, deshalb wollten wir früher los und trafen uns vor ihrem Hauseingang. Ohne Absprache hatten wir beide uns ganz in schwarz gekleidet. Bei Gerhild war es nichts Besonderes, sie trug fast immer schwarz. Wie blöd, dachte ich, bei dieser Hitze bei über 30° in Schwarz zu gehen, zumal ich nur ganz selten schwarze Kleidung trug. Egal, vielleicht wollte ich mich einfach nur einmal Gerhild anpassen. Trotz unserer dunklen Kleidung wurde es noch ein sehr netter Stadtbummel, verbunden mit einem Kaffeeklatsch und kleinen Einkäufen. So entdeckte ich mit Gerhild in einem schicken Geschäft einen besonders eleganten Sommerschal. Es gab nur ganz wenige und schön verpackte Exemplare davon. Eben wieder etwas ganz Besonderes, dachte ich. Die zarten Pastelltöne mit weißen kleinen Herzen darauf passten gut zu meiner Kleidung. Am Ende des Schals war ein pinkfarbener Schriftzug in englischer Sprache, dies nahm ich aber zunächst überhaupt nicht wahr und vergaß es bald wieder. Nie zuvor hatte ich mir so einen teuren Schal geleistet, ich war ganz stolz darauf.

Eine Kollegin aus meiner früheren Dienststelle der Bundeswehr lief mir noch über den Weg. Meine Güte, sagte ich, wie viele Jahre haben wir uns nicht mehr gesehen? Es war nur ein kurzes Gespräch und ich merkte, dass es ihr nicht so gut ging. Mit ihrem Humor, den sie immer schon hatte, überspielte sie alles und wünschte mir alles erdenklich Gute. Ich freute mich über diese Begegnung und wir versprachen, uns baldigst wiederzusehen. Auch Gerhild und ich beendeten bald unseren Stadtbesuch.

Am Spätnachmittag besuchten mein Mann und ich meinen Sohn Helge und seine Frau Tanja. Dort ging es eigentlich immer sehr lustig und unbeschwert zu, doch dieses Mal führten wir andere Gespräche als sonst. Ich beschwerte mich unter anderem darüber, dass er mich und auch seine Geschwister zu selten besuchte oder anrief. Er verstand es glänzend, seine Schichtarbeit als Ausrede zu nutzen. Ich zog es ein wenig ins Lächerliche und war nicht böse, zumal ich wusste, dass ich mich sonst immer auf ihn verlassen konnte. „Na ja, diese kleinen Ausreden vom Schichtdienst nehme ich ja noch hin, doch wie schnell könnte doch mal etwas sein, was man hinterher bereut", sagte ich ihm. Ein „Hallo Mama" am Telefon würde schon reichen. Vielleicht sind Söhne etwas anders gestrickt als Töchter? Sabine meldete sich regelmäßig!

Wir genossen den schönen Spätnachmittag auf seiner Terrasse, die meine Schwiegertochter Tanja mit fröhlichen Farben dekoriert hatte, der Tisch war hübsch eingedeckt. Ich drängte bald darauf zum Aufbruch, da die Hitze mich müde gemacht hatte und ich auch eine sonderbare Unruhe in mir spürte. Liebevoll verabschiedeten wir uns. Helge nahm mich noch in den Arm und sagte „Ich habe dich lieb, meine Mama". „Tschüss. Danke mein Sohn! Ich dich auch!"

Später beim Abendbrot unterhielten mein Mann und ich uns noch über den erlebnisreichen Tag, und wir freuten uns auf einen ruhigen Abend zu zweit. Punkt halb acht klingelte das Telefon. Normalerweise gehe ich ans Telefon, doch zufälligerweise nahm dieses Mal mein Mann den Hörer ab. An seinen Gesichtszügen erkannte ich, dass etwas nicht in Ordnung war.

Er nahm ganz fest meine Hand und sagte ganz ruhig: „Du musst jetzt ganz stark sein!" Ich ahnte Schlimmes und dachte an die Unruhe in mir bei Helge. Meine Mutter kam mir sofort in den Sinn, sie war immerhin schon 93 Jahre alt, man konnte daher immer mit einer traurigen Nachricht rechnen.

Der Gedanke, dass es etwas mit meiner Tochter Iris zu tun hatte, kam mir nicht. „Sie ist heute, am 24. Juli, von uns gegangen", sagte mein Mann leise zu mir. Ihr Mann Ralf war nicht in der Lage, selbst anzurufen und hatte sich Hilfe von meinem anderen Schwiegersohn Kai geholt. Ich saß wie versteinert da, ohne einen Laut von mir zu geben. Dieser Moment war wohl der Schlimmste in meinem Leben. Mir war, als zog man mir den Boden unter den Füßen weg. Ich musste jetzt zu ihr, sie einfach in den Arm nehmen, um mich von ihr zu verabschieden. Kai sagte jedoch zu meinem Mann, dass es ratsam wäre, nicht zu kommen und sie lieber in fröhlicher Erinnerung zu behalten.

Ich erinnerte mich wieder: Noch vor einem Jahr, vor ihrem Reha Aufenthalt, war sie noch bei mir und seit langer Zeit einmal wieder glücklich. Sie freute sich auf diese Behandlung und hoffte auf Heilung. Beim Fortgehen winkte sie meiner Schwester Christel, die zu Besuch war, und mir fröhlich zu. „Bis bald, ich liebe euch!"

Nichts wird so sein, wie es einmal war

Mein Mann wusste, dass es jetzt keine tröstenden Worte gab, aber er war bei mir und gab mir dadurch Kraft und Halt. Schweren Herzens hatte ich mich im letzten Jahr an die Situation ohne meine Iris gewöhnt und damit abfinden müssen, sie selten oder gar nicht zu sehen. In diesem Moment jedoch brach eine Welt für mich zusammen und ich wusste nicht, wie es jetzt weitergehen sollte. Nichts wird mehr so wie früher sein, und wie werde ich das verkraften? Ich betete zum lieben Herrgott und zu meinen Engeln, um uns alle zu stärken und uns Kraft zu geben.

Nach langjährigen Depressionen hatte meine Iris selbst über ihr Leben entschieden. Viele seltsame Gedanken schwirrten mir durch den Kopf. Gerade gestern, an dem Tag, als meine langjährigste Freundin Ilse Geburtstag hatte, an den mich meine Iris immer erinnerte. Jetzt sorgte sie dafür, dass ich diesen Geburtstag niemals mehr vergessen werde. Da waren der Stadtbesuch mit Gerhild in ganz schwarzer Kleidung bei 30° Hitze, die Kollegin, die ich Jahre nicht gesehen hatte und die mir von Herzen alles Gute wünschte und selber krank war. Dann dieser wunderschöne Schal, mit weißen Herzen bedruckt und in pinkfarbener Schrift „For ever yours – Für immer dein!"

Alle Erinnerung kamen plötzlich wieder, was mich erschauern lies. Als wenn meine Iris dafür gesorgt hatte, dass gerade dieser Spruch auf dem Schal steht, den ich an ihrem Sterbetag kaufte. Dazu das Geschenk von meinem Enkel Patrick: Die zwei gleichen Vasen, die für mich wie zwei moderne Urnen aussahen, und schließlich die Gespräche bei meinem Sohn Helge, ihn wachzurütteln, sich doch häufiger bei mir zu melden. Das alles konnte doch kein Zufall sein?

Ablenken und Arbeiten

Ich musste mich jetzt ablenken und ging am nächsten Tag gleich wieder zu meinem Chef. In ihm fand ich einen guten Freund und Zuhörer. Keiner konnte mich jetzt besser verstehen, als er und seine Familie. Er hatte vor knapp drei Jahren mit seiner Frau Iris eine ähnliche Situation erlebt. Wie ungeheuerlich seltsam mir alles erschien. Neue Ereignisse, die mir auffielen, berichtete ich ihm.

An Zufälle glaubte ich jetzt schon nicht mehr. Ich dachte zum Beispiel an die schöne Kirschbaumurne, die ihr Sohn Ralf seiner Mutter anfertigte. Ich fragte ihn, ob er jetzt für meine Tochter Iris statt für meine Mutter Else eine solche Urne anfertigen könnte. Im Gedächtnis an seine Mutter Iris folgte er meiner Bitte. Er war froh, mir für meine Iris diesen Wunsch zu erfüllen. Mit einer liebevollen Selbstverständlichkeit sagte er sofort zu. Für ihn war es auch schmerzlich, nochmals eine gleiche Urne für eine andere Iris anzufertigen. Wie schade, dass Ralf, der wie mein Schwiegersohn heißt, meine Iris nie kennengelernt hatte. Ich berichtete ihm, dass sie alles, was aus Holz war, sehr liebte und ihr diese schöne Urne sehr gefallen und sie sich freuen würde. Danke Ralf.

Ähnlichkeiten

Ein paar Tage vor der Trauerfeier, die auch in Mombach gehalten wurde, überreichte mir Ralf diese Urne. Es war ein Geschenk für mich an meine Tochter Iris. Auch hier waren es für mich längst keine Zufälle mehr. Beide Verstorbenen heißen Iris, beide waren in Berlin geboren, beide wählten die anonyme Wiese in Mombach und beide bekamen die gleiche schöne Urne aus Kirschbaumholz und beide hatten eine Baumbestattung. Mein Schwiegersohn heißt Ralf und der Sohn von Frau Iris heißt auch Ralf.

Vor der Trauerfeier stellte ich die Urne, mit einer Efeuranke geschmückt, zu den beiden Vasen und dem Bild von Iris auf unser Sideboard. Nie hätte mein Enkel Patrick gedacht, dass sein Geschenk, die zwei Vasen, für mich so eine große Bedeutung haben würden.

Ähnliches passierte auch in der Familie meines Professors: Auch hier wurden die Urne und ein Bild von Frau Iris sowie ein Blumenstrauß aufgestellt.

Diese und ähnliche Ereignisse spielten immer wieder eine große Rolle in meiner Geschichte: Eine unglaubliche und wahre Geschichte. Eine Geschichte, die so einzigartig, spannend und facettenreich ist. Sie ist traurig, aber auch sehr schön und hat mir immer wieder geholfen, mit der Trauer um meine Tochter umzugehen.

Ein Schmetterling zur Trauerfeier

Im August fand die Trauerfeier für meine Tochter Iris statt. Der Sommer hatte es sehr gut gemeint, an diesem Tag war es ganz besonders heiß. Meine Tochter Sabine ließ bei einem Blumenhändler und Freund Harald als Gruß von uns allen einen wunderschönen, aus bunten Blumen gesteckten Schmetterling anfertigen. Wir kannten Harald bereits aus Frankreich; aufgrund seiner Empfehlung sind wir damals nach Mainz gezogen. Warum es gerade ein Schmetterling sein sollte, war für mich eine Überraschung. Ich hatte Iris einmal zu ihren Lebzeiten einen kleinen grünen Schmuck-Schmetterling geschenkt. Er passte einfach zu ihr, sie liebte so etwas. All diese Erlebnisse sollten mir irgendwann noch einmal begegnen.

Der Blumen-Schmetterling war mit orangen und weißen Blüten, die wie Tupfen in den Flügeln aussahen, wunderschön geschmückt. Der Rumpf war dunkelbraun, und der Schmetterling leuchtete so farbenfroh, denn durch das Fenster der kleinen

Waldfriedhofskapelle fielen die Sonnenstrahlen direkt auf ihn. So traurig es auch war, so friedvoll und schön hätte es sich meine Iris gewünscht. Ich saß neben ihrem geliebten Vater, und wir hielten uns für einen Moment lang die Hände. Am 17. August wäre sie fünfzig Jahre alt geworden, sie hatte am gleichen Tag Geburtstag wie ihr Vater. Von einem sehr schönen Foto lächelte sie uns zu.

Mein Schwiegersohn Ralf Barth hatte sich für eine Baumbestattung für seine Frau Iris entschieden, was wohl auch ihr Wunsch noch zu Lebzeiten war. Ralf hatte es nicht sehr weit bis zum Mombacher Waldfriedhof. Gleich am Anfang der Anonymen Wiese entdeckte ich zwei Schilder mit der Nr. 17 und 18. Es sind Hinweise für die jeweiligen Besucher, dachte ich und konnte sie mir gut merken. Mein Enkel Patrick wollte den schweren letzten Weg mit der Urne seiner „Mutsch", so nannte er sie immer, alleine gehen. Mit dem Pfarrer an seiner Seite und allen trauernden Gästen war es für ihn nicht ganz so schwer; aber ich wusste auch, dass dieser Weg kein leichter sein würde. Noch wollte ich alles nicht begreifen.

Hier war ich schon vor drei Jahren bei der Urnenbeisetzung von Frau Iris, der Frau meines Professors. Auch für ihn war dieser Weg kein leichter. Heute konnte ich ihn sehr gut verstehen.

Unter einem noch jungen Kirschbaum wurde die schöne Kirschbaumurne niedergelassen. Durch die Sommerhitze war die große Wiese leider sehr ausgetrocknet. Aber trotz Trauer war ich glücklich, dass der kleine Kirschbaum noch ein grünes Kleid trug. Ich schaute an ihm hoch und entdeckte eine kleine grüne Plakette. Jeder Baum hatte seine eigene Nummer, und diese war eine ganz besondere: 147. Es war mein Geburtsdatum 14.7. Meine Tränen konnte ich nicht mehr unterdrücken und bedankte mich für dieses Zeichen. Ich drehte mich um und blickte in die Richtung zur Ruhestätte von Frau Iris: Zufall? Nein!

Zweimal Iris auf der gleichen Wiese. Ich dachte über die alten und neuen Erlebnisse nach. Diese Gedanken an zwei Menschen, die ich sehr liebte. Für beide sollte es diese anonyme Wiese in Mombach sein. Ralf hieß der Mann meiner Tochter Iris und Ralf der Sohn von Frau Iris. Für beide fertigte er diese beiden edlen Kirschbaumurnen an. Beide kamen aus Berlin. Zwei, die sich leider nicht kannten, waren sich jetzt sehr nahe. Konnte es wirklich so viele Zufälle geben?

Auch meine Schwester Christel aus Berlin war bei der Trauerfeier anwesend. Sie wollte noch ein paar Tage länger bleiben, wurde aber durch einen Anruf aus dem Altenheim Berlin-Spandau nach Hause gebeten, da unsere Mutter einen Herzanfall erlitten hatte. Ich konnte mich noch nicht entscheiden, mit ihr zu fahren, weil ihr Hund eine Weile bei uns bleiben sollte. Außerdem musste sie sich auf eine größere Operation vorbereiten und war über jede Hilfe froh. Zudem konnte ich jetzt die Ablenkung durch einen Hund sehr gut gebrauchen.

Nur sechs Tage nach der Trauerfeier meiner Tochter verstarb unsere liebe Mutter Elsa Baum am 18. August. Ein Tag zuvor, am 17. August, wäre meine Iris fünfzig Jahre alt geworden.

War es wieder nur Zufall, dass diese 17 und 18 für mich eine Rolle spielen sollten? An diese Tage im August, den 17. und den 18., werde ich immer erinnert. Auch den 24. Juli, den Tag, an dem meine Iris starb und meine Freundin Ilse Geburtstag hatte, werde nie mehr vergessen. Darüber hinaus wird Iris den 14.7., das Datum meines Geburtstages, auf der Plakette an ihrem Kirschbaum behalten.

Trauer um meine Mutter

Nach dem Herzinfarkt unserer Mutter reiste Christel sofort zurück nach Berlin. Am 18. August kam dann die Nachricht, dass unsere Mutter eingeschlafen ist. Einen Tag vorher hätte Iris ihren 50. Geburtstag gefeiert.

Ich hatte unserer Mutter immer gewünscht, dass sie nicht leiden sollte. Vielleicht hatte der Tod meiner Tochter dazu beigetragen, dass sie ruhig und ohne Schmerzen eingeschlafen war. Wie gerne hätte ich sie noch in den Arm genommen und mein Versprechen eingehalten, in ihren letzten Stunden bei ihr zu sein. Die Gedanken, meine Iris und meine Mutter nicht mehr zu sehen, brachten mir viele unruhige und schlaflose Nächte. Auch meine Schwester tat mir leid. Sie hatte jetzt mit sich selbst und ihrer Operation zu tun. Zum Glück hatte es damit bis zur Bestattung von Mutter Else noch Zeit.

Leicht wie eine Feder

Meine Mutter war eine kleine, tapfere und stolze Frau. Sie war die einzige Tochter und hatte noch fünf Brüder. Alle waren vor ihr gegangen, auch mein Vater, sowie ihre liebste Schwägerin Ulla. Ich hatte bei unserer Mutter immer bewundert, mit welcher Kraft und Stärke sie alle diese traurigen Ereignisse überwunden hatte. Gerne trank sie ein Gläschen guten Wein mit uns, den wir ihr aus unserer Gegend mitbrachten. Danach wirkte sie aufgeschlossener und fröhlich. Oft sang sie dann: „Ich fühle mich leicht wie eine Feder", eine Feder, wie sie auch an ihrem Hut steckte. Zur Erinnerung habe ich diesen Hut bei mir behalten, irgendwann werde ich ihn vielleicht aufsetzen. Sich „leicht wie eine Feder" zu fühlen, wird uns immer an Mutter Else erinnern und uns ein Lächeln auf die Lippen zaubern. Jedes Mal, wenn mir eine Feder zufliegt, sage ich: „Hallo Mama!" So rief mich auch immer meine Iris: „Hallo Mama!"

Mit „Hallo Mama" – ich bin da, kam meine Iris am 17. August 1963 im Waldkrankenhaus Berlin-Spandau zur Welt. Und in diesem Krankenhaus war auch unsere Mutter Else von uns gegangen.

Die Arbeit und die hilfreichen Gespräche mit meinem Chef halfen mir immer wieder, neuen Mut zu bekommen. Der Haushalt, in dem so einiges erledigt werden musste, brachte mich wieder auf andere Gedanken. Oft saß ich vor dem großen Foto von Frau Iris und redete mit ihr, wie es wohl meiner Tochter Iris und meiner Mutter ginge. Mir war immer so, als wenn sie in meiner Nähe war und mir mit ihrem Lächeln Trost schenkte. Danach ging es mir wieder besser.

Am 6. September 2013 wurde meine Mutter Else, ebenfalls auf einer anonymen Wiese, auf dem Friedhof in Berlin-Spandau beigesetzt. Als letzten Gruß spielte mein zweiter Mann Jürgen auch für sie Orgel. Er mochte seine Schwiegermutter und konnte seine Trauer nur schwer verstecken. Auch für ihn war es war eine schwere Zeit.

Gemeinsam suchten wir ihr eine Urne aus, die geschmückt wurde von einem Bild mit einer zart gemalten Baumallee im Sonnenlicht und hellblauen Wolken. Mutter liebte helle und fröhliche Farben. So kam unser Mädchenname „Baum" wieder zur Geltung. Auch neben der Ruhestätte unserer Mutter stand ein großer Baum, der an diesem Tag genau so leuchtete wie die Bäume auf ihrer Urne. Er wuchs in zwei Stämmen, die sich ineinander verbunden hatten, wie vielleicht meine Iris und ihre Oma Else Baum. Mit dieser Vorstellung, dass sie sich beide im Himmel hatten, komme ich bis heute sehr gut zurecht.

Weitere Ähnlichkeiten

Der Alltag holte mich wieder ein und der Hund meiner Schwester, Haggard, sorgte weiter für Abwechslung. Er war ein netter Kerl und verstand es, mich auf andere Gedanken zu bringen.

So nach und nach entdeckte ich im Hause des Professors kleine Dinge von seiner Frau, die mich animierten, in verschiedenen Büchern zu blättern. Etwas seelenverwandt waren wir offensichtlich schon, da wir beide an unsere Schutzengel glauben.

Unter anderem fand ich ein Jahresbuch „Wurzeln, die uns tragen – Für jeden Tag ein gutes Wort" mit wunderschönen Versen und Sprüchen, die ich jeden Tag aufs Neue aufschlagen und lesen konnte.

Ich nahm ein anderes, kleineres Taschenbuch zur Hand mit dem Titel „Lass mich, Engel, nicht allein – Ermutigungen für den Tag, das Jahr und den Weg des Lebens". Spontan schlug ich eine Seite auf, in der stand: „An meinen Engel: Wie deutlich habe ich dich als Kind gespürt, war mir vor Angst die Kehle zugeschnürt, hast du gesungen – mit Engelszungen – und mich ganz sicher an der Hand geführt!“ Dieser Vers hatte es in sich, und ich bekam eine Gänsehaut. Ich glaubte auch an diese Engel, die uns alle ganz oft an die Hand nehmen und uns führen.

Wieder ein Schmetterling

Seit dem Tod von Frau Iris waren nun schon drei Jahre vergangen. Die Gedanken an meine verstorbene Tochter Iris waren auch hier im Haus meines Professors. Hier, wo alles begann und viele Dinge uns verbanden.

Ich war im unteren Bereich, die Terrassentür stand offen. Es war noch sehr warm und ich merkte, dass sich etwas hinter dem Vorhang bewegte. Ein weißer Schmetterling hatte sich verirrt und flatterte wild. Ich streckte ihm meine Hand entgegen, auf der er sich ruhig niederließ, was ich gar nicht glauben konnte. Er blieb sitzen und rührte sich nicht vom Fleck. Ich bekam eine Gänsehaut und hätte schwören können, dass ich meiner Tochter heute sehr nahe war. Ich gab ihm einen kleinen Schubs, in die Freiheit zu fliegen. Nur mit Mühe konnte ich ihn dazu bringen.

Was für ein Erlebnis, dachte ich, und alle Gedanken kamen wieder hoch in mir: Da waren diese zwei urnenförmigen Vasen für meine beiden Todesfälle. Ein bunter Schmetterling für meine Tochter als Grabschmuck und das Erlebnis jetzt hier mit einem Schmetterling, was mich sehr bewegte.

Das Jahr hatte es ganz schön in sich: Jetzt kam auch noch die größere Operation meiner Schwester dazu. Es waren diese Wochen, die mich mit Haggard, Haushalt und Nebenjob ausfüllten, und in denen ich wenig Zeit zum Nachdenken hatte. Immer wieder kamen Gäste zum Professor, die ich empfangen und bewirten konnte. Zumeist waren es Architekten, die er ausgebildet hatte. Sie besuchten ihn heute noch und führten lange und ausgiebige Gespräche mit ihm. Sogar unseren Oberbürgermeister konnte ich empfangen. Der Professor war eben unermüdlich, gezielt in seinem Handeln und in seinen Fähigkeiten, mit anderen Worten, er war eine Ausnahmeerscheinung.

Der Schal – Zufälle, die keine sind

Wir wohnten in Mainz-Hechtsheim, von Weinbergen umgeben, mit sehr netten und hilfsbereiten Nachbarn. Der Hund Haggard war ein aufgewecktes Kerlchen, ich lief mit ihm durch die Weinberge und lernte nette Menschen mit ihren Hunden kennen. Oft ist er mir weggelaufen und ich bekam vor Angst Schweißausbrüche. Immerhin hatte ich, mit wenig Hundeerfahrung, die Verantwortung für ihn.

Haggard ging gar nicht gerne im Regen spazieren, aber einmal machten wir uns, obwohl es regnete, dennoch auf den Weg. Dieses Mal ging es nicht in die Weinberge, da der Hund mich in eine völlig andere Richtung zog. Nämlich zu einer Verkehrsinsel mit drei Bäumen gegenüber von unserem Haus. In diese Richtung war ich noch nie gegangen. Von Weitem sah ich, dass ein völlig durchnässtes Tuch um einen der drei Bäume geschlungen hing. Ich erkannte sofort, dass es mein Schal mit dem Herzen und der rosa Schrift darauf war. Ich konnte mir nicht erklären, wie er hierherkam. Ich hatte ihn doch meiner Tochter Sabine geliehen! Sie musste ihn bei ihrem letzten Besuch vor unserer Haustür verloren haben, eine Windböe hatte ihn vielleicht um den Baum geweht. Sehr seltsam, dachte ich, es war doch der besondere Schal, den ich mir am Todestag meiner Tochter gekauft hatte, weil er einzigartig, schön und bestimmt ganz selten war. Weiße Herzen auf schlammfarbigem Hintergrund. Und der pinkfarbene Schriftzug am Ende des Schals „For ever yours", ließ ihn für mich etwas ganz Besonderes sein.

Schnell ging ich mit Haggard nach Hause, wohin er mich bei diesem Wetter automatisch zog. Ich war sehr aufgeregt und rief jetzt ganz schnell meine Tochter Sabine an, ob sie meinen Schal vermisste. Sie sagte, dass sie gerade im Schlafzimmer vor ihrem Schrank stand und der Schal direkt vor ihr lag. So einen seltenen Schal, dachte ich, gibt es nur einmal und schon gar nicht hier, fast vor meiner Haustür. „Iris!" schoss es mir durch den Kopf. Mir war, als hätte meine Tochter diesen Schal dorthin gelegt, damit ihre Schwester und ich den gleichen hatten. Diesen Schriftzug auf Englisch hatte ich nie so richtig wahrgenommen, doch jetzt bekam alles eine ganz andere Bedeutung. „Für immer dein". Warum zerrte mich Haggard gerade in diesen Weg? An Zufälle glaubte ich schon länger nicht mehr.

Es musste etwas Höheres zwischen Himmel und Erde geben: Das soeben berichtete Erlebnis mit dem besonderen Schal als eines von vielen Vorkommnissen dieser Art, die sich häuften, brachten mich dazu, eine Art Tagebuch zu schreiben, das hier auszugsweise folgt: Es ist eine Beschreibung von unglaublichen, von mir erlebten Begegnungen und Parallelen.

Aus meinem Tagebuch

Die Zeit bis Ende Oktober 2013 verging sehr schnell. Haggard kam endlich wieder zu seinem Frauchen nach Berlin zurück. Zum Glück ging es meiner Schwester nach ihrer OP wieder besser. Die Freude des Wiedersehens war für uns sehr groß. Immerhin hatten wir beide zwei große Trauerfälle kurz hintereinander zu verkraften. Gegenseitiges Anrufen mit guten Gesprächen brachten uns ein wenig Trost und Erleichterung. Meine Schwester lebte schon sehr viele Jahre alleine. Ihren Mann hatte sie sehr früh verloren, Kinder hatte sie nicht. Sie sagte immer: „Du hast ja drei, die reichen für mich mit". Ich war weit weg und konnte leider nicht so oft zu ihr kommen. Eine schwere Zeit lag auch hinter ihr, daher war ich jetzt froh, dass sie ihren Haggard wiederhatte.

Ich war zufrieden, dass es meinem Chef gut ging und wir beide nach fast drei Jahren ein gut eingespieltes Team waren. Das dritte Weihnachtsfest stand vor der Tür. Wie in jedem Jahr wurde ein recht großer Weihnachtsbaum aufgestellt. Sohn Ralf musste jetzt dafür sorgen, dass er ihn passend in den dazugehörigen Ständer aufstellte. Wie schön, dass ich mich darum nicht kümmern musste, denn ich hatte genug mit den Vorbereitungen und dem Schmücken des Baumes zu tun. Im Keller suchte ich wie in jedem Jahr alles zusammen, was noch ausreichte, um den Weihnachtsbaum wunschgemäß zu gestalten. Es mussten immer Lametta, echte Kerzen und der Rest von den Weihnachtskugeln am Baum sein.

Als Kind durfte nur ich mit meinem Vater Anton Baum unseren Weihnachtsbaum schmücken. Er warf das Lametta von weitem in den Baum, und es sah trotzdem immer exakt und akkurat aus. Darauf legte er großen Wert. Ganz oben auf die Tannenspitze steckte mein Vater zwei bunte Vögelchen. Wie in jedem Jahr wurde auch hier alles wiederholt. Trotzdem sah unser Baum jedes Mal anders aus und war der Schönste für uns. Bis zum Heiligabend wurde unser Weihnachtsbaum in einem Nebenzimmer geschmückt und dann dort versteckt gehalten. Ich war schon damals kreativ und konnte aus allem etwas basteln, malen, dichten und dekorieren. Meine Schwester zog es vor, zu lernen und zu lesen. Wir waren sehr unterschiedlich, aber wir ergänzten uns gut.

Auch in diesem Jahr hatte ich mir große Mühe mit dem Weihnachtsbaum gegeben und freute mich, dass wieder die Familie meines Chefs aus Berlin anreiste. Die Enkelkinder Jana und Peer brachten Leben ins Haus, darauf freute auch ich mich. Für meine Familie und mich war es das erste Weihnachten ohne meine Tochter Iris. Ich war froh über jede Art von Ablenkung und gab mir Mühe, mich an schönen Erinnerungen und Gedanken festzuhalten.

Schnell waren die Weihnachtstage vorbei und die Vorbereitungen für den Silvesterabend standen an. Noch wohnte der Sohn mit im Haus und zauberte wie immer einen leckeren Braten für die Festtage auf den Tisch. Ein Brauch, den er von der Hausfrau Iris übernommen hatte. So wusste ich, dass es den beiden Männern gut ging.

Silvester wollten wir in diesem Jahr nicht alleine sein. Ich brauchte Menschen um mich, die unterhaltsam und fröhlich waren und war froh, dass meine Freundin Gisela an diesem Silvesterabend Zeit und Lust hatte, zu uns zu kommen. Es war schon einige Jahre her, dass ihre jüngste Tochter an einer schweren Krankheit verstorben war. Mit Gisela konnte ich mich gut darüber unterhalten. Ich erinnerte mich noch an diese fröhliche junge Frau. Seit dieser Trauerfeier für ihre Tochter konnte ich nachempfinden, wie tief der Schmerz ist, ein Kind zu verlieren. Heute bin ich in der gleichen Situation wie Gisela, deshalb war ich glücklich, jemanden wie sie zu haben, die Freud und Leid mit mir teilen konnte. So wurde es dennoch ein recht fröhlicher und gemütlicher Silvesterabend.

Mein Mann und ich wussten, was wir uns, unserer Familie und unseren Freunden für das Neue Jahr wünschten: Gesundheit,

Frieden auf der Welt, dass wir uns alle verstehen und verzeihen können, einen Arbeitsplatz zu behalten, ein Dach über dem Kopf zu haben und ausreichend zu essen und zu trinken haben. Dafür bitte und danke ich jeden Tag dem lieben Gott.

Rückblick: Frankreich

Die Jahre 1970–1974 verbrachten meine Familie und ich in Fontainebleau, Frankreich. Mein erster Mann verdiente dort als sehr guter Schreiner für unsere fünfköpfige Familie bei einer internationalen Dienststelle der Bundeswehr sein Geld. Von fünfzig Bewerbern hatte er das große Glück, diese Stelle zu bekommen. Mit drei kleinen Kindern wollten wir dieses Angebot nicht abschlagen und waren neugierig auf ein neues Zuhause im Ausland. Wir zogen in eine helle und große Wohnung mit einem acht Meter langen Balkon und vier Zimmern. Das war zu dieser Zeit Luxus für uns alle im schönen Vorort Avon. Das Schloss Fontainebleau aus dem 16. Jahrhundert lag nicht weit von uns entfernt.

Wir hatten keine Geldsorgen mehr. Endlich konnten wir uns unser erstes Auto leisten, ich konnte meinen Führerschein in Frankreich machen. Es stellte sich heraus, dass unsere Nachbarin eine Berlinerin war, wo ihr Mann als französischer Attaché bei der NATO gedient hatte. Wir pflegten eine gute Nachbarschaft, und ich war glücklich, dass ich jemanden hatte, der meine Sprache sprach. Wie gerne wäre ich mit meinem Mann damals nach Berlin gezogen, aber zu der Zeit gab es dort keine Stelle für ihn.

In Fontainebleau lernten wir ein Soldaten-Ehepaar kennen, die uns so gerne mit nach Mainz haben wollten. Irgendwie mussten wir uns Gedanken machen, was nach Ablauf der vier Jahre, die man im Ausland bleiben durfte, werden sollte. Ein neuer Arbeitsplatz für meinen Mann, der bei der Bundeswehr bleiben wollte, war nicht so einfach zu finden.

Nach längeren Überlegungen und mehreren Bewerbungen wurde ihm eine Stelle in Mainz zugesagt. Im Frühjahr 1974 zogen wir in den Vorort Mainz-Mombach. Iris hatte in Mainz ihre französischen Schulkenntnisse leider nicht vertiefen können, da dieses dort in der Schule nicht angeboten wurde. Wie schade, sie sprach fließend Französisch und hätte zu der Zeit leicht ihre

Kenntnisse verbessern können. Sabine war erst sieben Jahre alt und wurde in Mainz Jahr eingeschult. Helge musste noch ein Jahr bis zur Einschulung warten. Gerne denke ich heute an diese Zeit zurück, die uns sehr viele schöne, aber auch anstrengende Jahre brachten.

Das Jahr 2014

Vierzig Jahre waren seitdem vergangen. Meine Sehnsucht, mal wieder nach Frankreich zu fahren, war ein großer Wunsch von mir. Ich wollte noch einmal meine frühere Nachbarin und ihre Familie besuchen. Ich hatte bereits ein schlechtes Gewissen, da ich ihr in der Vergangenheit telefonisch mehrfach versprochen hatte, zu kommen. Diese Versprechungen hatte ich aber nie eingehalten. Nun war sie bereits achtzig Jahre alt geworden, und endlich würde auch für sie auch noch der Wunsch in Erfüllung gehen, mich zu sehen. Meine größte Freude war, dass mein Mann mit mir in diesem Sommer dorthin fuhr, damit ich sie noch einmal wiedersehen konnte.

Das Hochhaus war inzwischen modernisiert, viele Erinnerungen kamen zurück. Der Fahrstuhl hielt im vierten Stock, wo auch wir gewohnt hatten, und eine feine, immer noch stattliche und gepflegte Dame erwartete uns an der Tür. Sie bat uns in die Wohnung. Mit welcher Warmherzigkeit wir empfangen wurden! Wie gut konnte ich mich noch an ihre schöne Wohnung erinnern. Ich hatte den Eindruck, dass alles noch so dastand wie früher, nur ihre große dicke Katze „Lucifer" gab es schon lange nicht mehr. Zum Glück erkannte sie mich gleich wieder und wir konnten trotz ihrer leichten Demenz Erinnerungen austauschen. Mein Mann sprach Französisch und hatte viel dazu beigetragen, etwas über ihre Tochter und den ältesten Sohn zu erfahren. Ihren Mann hatte sie schon sehr früh verloren, so auch ihren jüngsten Sohn Pascal, beide hatte ich noch gekannt. Sie hatte also das gleiche oder ein ähnliches Schicksal mit ihrem Kind hinter sich wie ich. Leider ging die Zeit zu schnell vorbei, sie musste jetzt ruhen. Wir bedankten uns für dieses Wiedersehen und versprachen, Verbindung zu halten.

Am 13. Juli fand das Endspiel der Fußballweltmeisterschaft statt: Deutschland gegen Argentinien. Wir nutzen diesen sehr regnerischen Tag, um von Fontainebleau nach Paris zu fahren. Wegen des Regens erlebten wir Paris einmal ganz anders: Die Straßen waren so leer, wie wir sie noch nie gesehen hatten. Alles war schon für den Nationalfeiertag, den 14. Juli geschmückt. Morgen, wünschte ich mir, wird bestimmt die Sonne wieder scheinen. Wegen der freien Straßen konnten wir noch recht viel von Paris sehen, und wir machten die schönsten Bilder vom Eiffelturm im Regen.

Irgendwann später fuhren wir entlang der Seine nach Norden bis nach Dieppe an die Kanalküste. Mein Mann wollte mich mit einem schönen Hotelaufenthalt zu meinem Geburtstag überraschen, was ihm auch sehr gelungen war. Die Sonne schien, und unser Blick aus dem Fenster und vom Balkon fiel auf den Strand und das Meer. Auch hier wurde schon alles für den Nationalfeiertag vorbereitet. Überall wehten farbenfroh Flaggen, und auch die Vorbereitungen für ein großes Feuerwerk am Strand waren fast beendet. Zu meiner Freude gab es einen Fernseher, in dem das Fußballendspiel Deutschland gegen Argentinien übertragen werden sollte. Jetzt musste nur noch Deutschland die WM gewinnen!

Gegen Mitternacht gelang es Mario Götze mit seinem Torschuss, den Sieg mit 1:0 für Deutschland zu erreichen. Kurz danach, Punkt 24 Uhr, fand ein großes Feuerwerk vor unserem Hotel auf dem Strand statt. Für mich war dieser Tag mit dem Feuerwerk zum Nationalfeiertag und der gewonnenen WM eines der schönsten Geburtstagsgeschenke meines Lebens.

Noch am gleichen Tag fuhren wir zurück nach Mainz. Zuvor fanden wir trotz des Feiertags in Frankreich sogar ein großes Einkaufszentrum, wo wir exklusive französische Spezialitäten und Delikatessen für meine Geburtstagsfeier, die am Spätnachmittag bei uns zu Hause in Mainz stattfinden sollte, besorgen konnten. Wie gerne hätte ich alle meine drei Kinder, also auch meine Iris, an meinem Geburtstag wiedergesehen. Dennoch wurde es ein harmonischer und schöner Nachmittag. Bis hierher war dieses Jahr sehr schön und ich wünschte mir, dass es so bleiben sollte.

Ein weiterer Zufall, der keiner ist: Ein Schmetterling

Am 16. Juli kam meine Schwester Christel mit ihrem Hund aus Berlin. Es war mein freier Tag. Ich freute mich über die beiden, weil es auch durch Haggard wieder genug Abwechslung gab. Schon unmittelbar nach dem Tod von Iris hatte der Hund mir geholfen, besser über den Verlust meiner Tochter Iris und den meiner Mutter Elsa hinweg zu kommen. Ich dachte an das tolle Erlebnis mit ihm, als er mit mir im Regen spazieren ging, und mich zu einem ganz anderen Weg führte, den ich nicht gehen wollte. Mit ihm hatte ich diesen schönen Schal mit der Aufschrift „For ever yours" gefunden. Sie erinnern sich?

Es war ein sehr warmer Tag. Christel war müde und angespannt von der langen Fahrt. Sie sollte es sich erst mal gemütlich machen und eine Kaffeepause einlegen. Ihren Lieblingsplatz hatte sie auf unserem Balkon, mit Blick in den Garten und zu netter Nachbarschaft. Ich nutzte diese Zeit, mit Haggard eine große Runde zu laufen.

Ich lief mit Haggard wie immer durch die Weinberge. Der kleine Kerl hatte viel Power und brauchte viel Auslauf. Ein schmaler Weg führte uns zum Hechtsheimer Friedhof, den ich seit einem Jahr häufig aufsuchte. Hier konnte ich meine Trauer herauslassen, hier fühlte ich mich geborgen und war in Gedanken meiner Tochter und Mutter sehr nahe. Beim Anblick einer Feder dachte ich immer wieder an die Worte meiner Mutter, „leicht wie eine Feder" zu sein.

Je mehr wir uns dem kleinen Friedhof näherten, desto ruhiger wurde Haggard. Ein Verhalten, dass ich von ihm noch nicht kannte. Er lief ganz langsam und schaute mich heute ganz anders an. Tiere haben ja einen besonderen Instinkt und spüren sofort, wenn etwas Besonderes in der Luft liegt.

Vor dem Friedhofstor, das fast immer offensteht, liegen zwei längliche, größere graue Steine. Am Ende des einen Steins saß ein wunderschöner Schmetterling, den ich mir anschauen wollte.

Das Gefühl einer unglaublichen Nähe zu meiner Tochter Iris schoss mir durch den Körper und brachte mich zum Weinen. Ich konnte mir diesen so großen Gefühlsausbruch nicht erklären. Mit zittriger und leiser Stimme fragte ich also diesen Schmetterling, ob ich mich zu ihm setzen dürfte. Ich wünschte mir, dass er sitzen blieb und dass ich diesen Augenblick solange wie möglich mit ihm genießen durfte. Ich hörte mich mit diesem Schmetterling leise reden und nannte ihn spontan Iris. Vorsichtig streckte ich meine Hand nach ihm aus, bis ich ihn sogar berühren konnte. Es schien ihm zu gefallen, und er wagte sich auf meine Hand. Noch etwas unsicher klappte er seine Flügel wieder etwas dichter zusammen, und auf meine Bitte, ihn an mein Herz zu halten, blieb er ruhig sitzen, als verstehe er jedes Wort von mir. Ich redete mit ihm, als wäre es meine leibliche Tochter. Ganz weit breitete er jetzt beide Flügel aus und zeigte mir sein farbenfrohes Kleid. Ich lobte seine Schönheit und fragte ihn, ob „sie" glücklich sei. Blitzschnell flog er von meiner Hand über unsere Köpfe, wo ein zweiter, gleich aussehender Schmetterling dazu kam. Beide tanzten, als wollten sie uns sagen: „Ja, wir sind glücklich!" Zwei Erlebnisse der gleichen Art, meine Gedanken gingen zurück zum Haus des Professors. Dort hatte ich vor drei Jahren mein erstes Erlebnis mit einem Schmetterling, der auch nicht von meiner Hand wollte.

Wie gerne hätte ich jetzt dieses schöne Schauspiel mit meiner Schwester oder mit Freundinnen geteilt: Mit ihnen konnte ich über alles, was für andere nicht glaubhaft klingt, reden.

Etwas Unglaubliches passierte

Ohne, dass ich etwas dazu tat, trennten sich die beiden Schmetterlinge noch über meinem Kopf und mein „Iris – Schmetterling" flog auf meine ausgestreckte Hand zurück. Ich kann wohl niemanden beschreiben, was ich erlebt, gefühlt und gedacht habe und niemals vergessen werde. Ein Schmetterling, der es versteht, mich von meiner Traurigkeit abzulenken. Ich konnte nicht fassen, dass es wieder zwei gleiche Schmetterlinge von der Art „Admiral" waren. Ich machte mir meine eigenen Gedanken. Vielleicht zwei Mal Iris? So unwahrscheinlich es auch klingen mag, waren hier wie in Mombach auf der anonymen Wiese, Parallelen zu erkennen. Man könnte behaupten, dass ich mir etwas einbilde. War wirklich alles nur ein Zufall? Lag es an meinen blonden Haaren oder meinem Parfüm, dass die Schmetterlinge mir gegenüber so zutraulich waren? Ich hätte als Außenstehender vielleicht das gleiche gedacht, doch nach allem, was ich erlebt hatte, glaubte ich an keine Zufälle mehr.

Es war spät und es fiel mir schwer, mich von ihm zu verabschieden. Wie schade, dachte ich, bestimmt war es heute nur ein einmaliges Erlebnis. Leider hatte ich keinen Fotoapparat dabei, und wer würde mir diese Begegnung glauben? Mein Schwiegervater Rudolf sagte immer zu uns, „fotografiert es mit den Augen". Wie Recht er hatte, sollte ich erst viel später erfahren. Natürlich gab es Menschen, die auf dem Friedhof ein- und ausgingen, aber wen hätte es interessiert? In diesem Moment jedoch war ich glücklich, dass ich nicht gestört wurde.

Gelöst und voll von glücklichen Erlebnissen, lief ich mit Haggard nach Hause. Es war schon nach acht Uhr und Hunger hatten wir auch beide. Mir war es schon lange nicht mehr so gut gegangen, und die Trauer um meine Lieben tat jetzt nicht mehr ganz so weh. Heute waren sie mir so nah wie nie, und ich war voller Hoffnung, dass es ihnen gut geht. Ich konnte dieses „Erlebnis mit einem Schmetterling" niemandem beschreiben, aber ich wollte es zu Hause meinen Kindern erzählen und ganz bestimmt auch meinem Chef, der mir gerne zuhörte. Meine Schwester war immer zufrieden, wenn es mir gut ging, wenn ich mich über diese kleinen Dinge freuen konnte. Lange lag ich noch wach im Bett und malte mir aus, wie schön es wäre, meinen Schmetterling wiederzusehen. Na ja, dass wäre schon sehr unwahrscheinlich, aber ich wünschte es mir von Herzen und bat meine Engel, mir diesen Wunsch zu erfüllen. Dieser Tag im Juli 2014 wird mir immer in Erinnerung bleiben!

Am nächsten Morgen weckte Haggard uns wie immer und wollte spazieren gehen. Ich war froh darüber, denn ein kleiner Frühsport vor der Arbeit tat mir sehr gut. Ich musste die Neuigkeiten sofort meinem Chef erzählen! Er glaubte mir schon sehr viel, doch was würde er jetzt zu diesem neuen Erlebnis mit dem Schmetterling sagen? Zu meinem Erstaunen fand er die Geschichte interessant, nur etwas ungewöhnlich. Schmetterlinge sind eigentlich sehr scheu und schwer zu fangen, geschweige denn, dass sie so zutraulich sind. Die Gedanken und meine Gefühle zu einem Schmetterling waren schon sehr seltsam.

Mein Buch

Noch am gleichen Tag schrieb ich alles in meinem Kalender, in dem ich auch schon vorher meine ungewöhnlichen Begegnungen notiert hatte. Soweit ich mich erinnern konnte, wollte ich schon vor vielen Jahren ein Buch schreiben, doch es fehlte immer der Anstoß für das Besondere. Meinen Glauben daran habe ich bis heute nicht aufgegeben. Mein Mann wusste davon und war bereit, mich in allem zu unterstützen.

Vor drei Jahren machte ich in Süditalien den ersten Schritt dazu. Es war ein Urlaub, geprägt von einer unheimlichen Ruhe und Stille, wie ich sie zuvor nie erlebt hatte. Hier, in Kalabrien bei Tropea mit Blick auf den Stromboli war ich frei von Telefonaten, Besuchern sowie lästigen und lauten Touristen. Hier konnten mein Mann und ich so richtig loslassen und faulenzen. Wir bewohnten eine wunderschöne Terrassenwohnung mit Blick auf das Meer. Eine Leiter führte direkt auf den Strand und man glaubte, hier wäre die Welt zu Ende. Alles war friedlich und romantisch, selbst die Sonnenuntergänge verzauberten uns jeden Tag aufs Neue. Ich konnte meinen Stiefsohn Rainer verstehen. Von ihm bekamen wir dien Hinweis, in dieser Ferienwohnung Urlaub zu machen, zumal er hier er vor drei Jahren seiner Frau beim Sonnenuntergang einen Heiratsantrag gemacht hatte.

Drei Jahre sind seitdem vergangen, nur reichten meine Erlebnisse immer noch nicht aus, um weiter zu schreiben.

Tagebuch: Fortsetzung

Es war Mitte Juli und wieder ein heißer Tag. In der Abendkühle drehte ich eine Runde mit dem Hund. Nach einem ausführlichen Spaziergang zog es uns ganz dringend zu dem kleinen Friedhof. Was würde uns dieser Abend bringen? Je mehr wir uns dem Friedhof näherten, überkam mich das gleiche Gefühl wie vor Kurzem. Berührt von einer angenehmen Gänsehaut freute ich mich, dass mein Schmetterling an der gleichen Stelle auf mich wartete. Heute hatte ich einen Fotoapparat bei mir, ich wollte doch versuchen, dieses unglaubliche Erlebnis festzuhalten. Meine Gebete zu meinen Engeln haben geholfen, ich war dankbar: Der Admiral war wieder da!

Ein paar Freudentränen kullerten über meine Wangen und wieder wurde Haggard sehr ruhig an meiner Seite. Irgendwie konnte ich mir dieses Zusammentreffen mit dem gleichen Schmetterling kaum erklären. Ganz leise sprach ich wieder mit ihm und konnte mich wie selbstverständlich neben ihn setzen, ohne dass er Anstalten machte, davonzufliegen. Das Gefühl, meine Iris zu spüren, ließ mich nicht los. Gerne hätte ich meine Freude mit irgendjemanden geteilt.

Um diese Zeit kamen noch viele Leute zum Friedhof, und zufällig auch Hannelore, meine frühere Kollegin, die in der Nähe wohnte. Welch Freude, gerade noch wünschte ich mir, mit jemanden zu reden, und nun stand sie plötzlich vor mir. Einige Jahre hatten wir uns nicht mehr gesehen, deshalb war es jetzt eine Freude, dass es gerade heute zu dieser Begegnung kam. Ich konnte mich noch sehr gut daran erinnern, als ihr Sohn vor vielen Jahren jung verstarb. In aller Kürze erzählte ich ihr meine Geschichte, auch über den Verlust meiner Tochter und Mutter. Wie gut, dass wir uns ausgerechnet hier an diesem Ort treffen sollten. Sie erlebte als Erste, wie sich der Schmetterling um mich herumbewegte und ständig an mir hing. Wie schön, endlich hatte ich einen Zeugen, hier würden wir uns bestimmt jetzt häufiger treffen. Zufall?

Meine Erlebnisse fand sie sehr schön, und sie versprach mir, ab und zu auf den Schmetterling zu achten.

Es tat mir gut, noch ein paar Schritte mit Haggard zu gehen, bevor wir zum Abendbrot nach Hause mussten. Doch irgendetwas hielt mich zurück. Mein Schmetterling, der Admiral „Iris“, blieb in unserer Nähe und schwirrte um uns herum. Ich wollte aufpassen, wohin er fliegt. Wir folgten ihm bis auf den Friedhof. Sofort fiel mir auf, dass gleich am Eingang auf der linken Seite ein Stein mit der Nr. 17 stand. Die 17 war das Geburtsdatum meiner Tochter Iris. Rechts vom Weg stand ein Stein mit der Nr. 18, dem Tag, an dem meine Mutter verstarb.

Wieder eine Parallele: Die gleichen Steine mit den gleichen Zahlen stehen in Mainz-Mombach vor der anonymen Wiese.

Wir begleiteten meinen Schmetterling bis zum Ende des Weges und merkten, dass er sich vor einem weißen Grabstein am Boden niederließ. Er nutzte die warmen Sonnenstrahlen aus, um sich zu erholen, dachte ich. Mich blendete die Sonne, deshalb konnte ich nicht gleich erkennen, was auf diesem Grabstein stand. Zu dieser Jahreszeit waren die Ruhestätten mit vielen Blumen bepflanzt, so dass ich die Aufschrift von diesem Stein nicht lesen konnte. Mir war es viel wichtiger, neue und schöne Fotos vom Schmetterling zu machen. Er flog auf und wir folgten ihm bis zum Ausgang. Hier trafen sich auf gleicher Ebene zwei Admirale. Sie flogen über uns hinweg und tanzten fröhlich über uns im Kreis. Als hätten sie sich nur einen Spaß gemacht, waren sie auch genauso schnell fort.

Am liebsten wäre ich noch viel länger geblieben, doch mein Besuch war jetzt genauso wichtig. Morgen, morgen wollte ich es noch einmal wissen, ob sich dieses Erlebnis wiederholt. Zu Hause zeigte ich die Fotos meiner Schwester Christel, die sie sich mit Interesse ansah.

Auch mein Sohn Helge, meine Schwiegertochter Tanja und meine Enkel Lars und Leon hatten ein offenes Ohr für meine Geschichten. Seit meinen Berichten achteten sie auf Schmetterlinge und hatten Freude daran, wenn ich darüber glücklich war. Meine Tochter Sabine hatte zwar Interesse für meine Erlebnisse, doch müsste sie sich erst selbst davon ein Bild machen. Ähnlich dachte auch mein Mann. Er war nicht so leicht zu überzeugen, und meinte, es müsse für alles eine naturwissenschaftliche Erklärung geben. Ja, ja, dachte ich und freute mich, nach Rückkehr von seinem Segeltörn ihm meine neueste Geschichte berichten zu können.

Meine Schwester erinnerte sich an ein ähnliches Erlebnis nach dem Tod unseres Vaters Anton Baum. Sie erzählte mir, dass es auch ein Schmetterling „Admiral“ war, der bis in den zweiten Stock durch das offene Fenster meiner Mutter flog. Von diesem Erlebnis hatte ich bisher nie etwas gehört, aber jetzt war es der richtige Moment und passte in meine Geschichte.

Am nächsten Tag wollte ich, dass mich meine Schwester zum Friedhof begleitete. Ich wünschte mir, dass sich an diesem Tag alles genauso abspielen würde. Wir drehten also erst mit Haggard eine größere Runde über die Felder und erreichten dann wieder den Friedhof. Kaum, dass wir uns den beiden Steinen näherten, entdeckte ich meinen Schmetterling bereits aus der Ferne. Er saß auf der gleichen Stelle wie immer. Ich war so froh, dass meine Schwester das auch sehen konnte. Er kam auf mich zu, als freute er sich, auch meine Schwester und Haggard zu sehen. Diese Begrüßung war schon etwas Besonderes. Und wieder flog er vor den weißen Grabstein und setzte sich dort, als wollte er uns etwas zeigen: Jetzt erst entdeckten wir, was auf diesem Grabstein stand. Ganz dick in schwarzer Schrift stand dort: „Rudolf Baum".

Wie gut, dass meine Schwester dabei war. So konnte sie sich in meine Lage versetzen. „Baum" war schließlich unser Mädchenname, und „Rudolf" war der Name meines Schwiegervaters, den meine Iris auch gekannt und sehr gerne hatte. Wie gesagt, an Zufälle hatte ich lange nicht mehr geglaubt, aber dem Admiral war es gelungen, uns etwas mitzuteilen, was nur für unsere Augen bestimmt war.

Warum setzt sich dieser Schmetterling zum zweiten Mal gerade vor diesen Grabstein? Er flog wieder nur bis zum Ende des Weges, kein Stückchen weiter. Ich machte mir meine eigenen Gedanken, die ich zu Hause in meinem Tagebuch festhalten wollte. Wir gingen den Weg zurück durch das Tor und wurden abermals vom Admiral Iris begleitet.

Plötzlich tauchte auch Hannelore wieder auf. Ich stellte ihr kurz meine Schwester vor, die sich jedoch gleich verabschiedete. Ihr war das alles zu viel. Ich spürte, dass sie die Trauer um unsere Mutter und meine Iris noch sehr bewegte. Trotzdem gönnte sie mir diese Augenblicke, die mich von allem ablenkten und auf andere Gedanken brachten. Außerdem war sie immer froh, wenn es mir, ihrer „kleinen Schwester" gut ging.

Auf dem Heimweg wurde sie von zwei Männern angesprochen, die mit ihren Fahrrädern unterwegs waren. Sie baten um eine Auskunft, die sie leider nicht geben konnte. Ihre Idee, sie mit den Worten zu mir zu schicken: „Meine Schwester steht da oben am Friedhof und spricht mit einem Schmetterling" war schon recht witzig.

Was auch immer diese beiden Männer in diesem Moment dachten oder glaubten, war ihr egal. Jedenfalls standen sie kurz danach vor mir und konnten das Schauspiel mit eigenen Augen sehen.

Hannelore stand ebenfalls noch dabei. Selbst sie fand keine Worte für das Verhalten dieses Schmetterlings, der mich ein Stück auf dem Heimweg begleiten wollte und stets vor dem Eingang auf dem Stein saß, als wollte er auf mich warten. Er machte auch keine Anstalten, sich von mir zu trennen. So flog er auf meinen Kopf, verweilte dort und kam ohne Scheu zurück auf meine Hand.

Beide Männer näherten sich und fragten mich, dass ich bestimmt die Schwester sei, die mit einem Schmetterling spricht. Mit eigenen Augen und Ohren konnten sie sich davon überzeugen. Angetan von diesem Erlebnis, machten sie mit meinem Handy ein paar schöne Fotos von uns und fuhren weiter.

Hannelore hatte jetzt Spaß daran, dieses Treiben des Admirals und mir zu beobachten. Wieder war es ein ganz besonderer Tag für mich, und am meisten freute ich mich darüber, dass es jetzt jemand aus meiner Familie war, die dieses Erlebnis mit mir geteilt hat.

An einem Wochenende, an dem ich genügend Zeit hatte, mich über meine Begegnungen genauer zu informieren, wollte ich mehr über diese Art von Schmetterlingen erfahren. Im Internet holte ich mir die Informationen über das Verhalten von Admiralen und anderen Schmetterlingen. Über jede Art gab es weitaus mehr zu berichten als von einem Admiral. In keiner Weise wurde von Anhänglichkeit zu Düften oder bestimmten Farben geschrieben, die den Schmetterlingen gefallen hätten. In den Beschreibungen ging es lediglich um Herkunft, Paarungsverhalten und regionale Abstammung. Oder es wurde beschrieben, dass man sie fängt, um sie für die Wissenschaft mit der Nadel aufzuspießen. Ich würde abwarten und weitersuchen, es musste doch bestimmt noch mehr Informationen über das Verhalten dieser Art Schmetterlinge geben!

Am Montag war ich wieder bei meinem Chef und hatte viele Neuigkeiten für ihn. Er war wie immer an allem, was ich erlebt hatte, sehr interessiert. Überhaupt, ist er mein vertrauter Ansprechpartner. Ich war so froh, dass ich in diesem Haushalt noch arbeiten und mich an all den schönen Zeiten und Stunden mit ihm erfreuen konnte. Hoffentlich noch recht lange, denn der Professor hatte schon ein sehr stolzes Alter. Seine Ideen, die er auch stets in Taten umsetzte, waren grenzenlos.

Ende Juli wurden die Koffer meiner Schwester gepackt. Sie zog vor, noch vor der Jährung des Todestages meiner Iris zurück nach Berlin zu fahren. Naturgemäß sah sie diese Situationen etwas nüchterner als ich. Sie war nie der Typ, auf Friedhöfe zu gehen, wenn es nicht sein musste. Ihre Fahrten mit dem Bus durch Berlin-Spandau führten die meiste Zeit am Hauptfriedhof vorbei, wo unsere Eltern lagen. Es reichte ihr, ihren Lieben aus der Ferne zu winken.

Somit war es auch heute das erste Jahr, in dem ich an den Geburtstag meiner längsten Freundin Ilse dachte. Dieser Tag, der

24.7. wird mir ein Leben lang in Erinnerung bleiben, dafür hatte meine Tochter Iris gesorgt. Ich fuhr zu ihrer anonymen Wiese.

Es war ein schöner, warmer Tag. Ich schaue zum Kirschbaum hinauf und weiter zum Stamm hinunter. Hier hing, Gott sei Dank, immer noch die kleine grüne Plakette mit meinem Geburtsdatum 14.7. Ein Zeichen, dass sie immer an mich denken wird. Niemand außer mir achtete darauf. Wieder tauchten Bilder auf, die mich an diesen wunderschönen Grabschmuck meiner Tochter Iris erinnerten. Der Schmetterling, mit all seinen leuchtenden bunten, orangen, braunen Färbungen mit weißen Tupfen. Ich erinnerte mich an mein Erlebnis mit meinem Admiral Iris. Es überkam mich eher ein Gefühl der Freude als der großen Trauer. Hier konnte sie nicht mehr sein. Zu stark war sie in meinem Herzen und mit mir verbunden. Deshalb wollte ich dieses Gefühl und die Wiedersehensfreude mit meinem Admiral noch recht lange vor unserem kleinen Friedhof in Hechtsheim erleben.

Unsere Familie hatte sich verändert. Nichts war mehr so wie früher, jeder musste für sich lernen, mit der Trauer umzugehen. Unsere Stimmungen schwankten und gerieten oft zu kleinen Missverständnissen, die sich oft keiner erklären konnte. Ich strahlte eher Ruhe und Gelassenheit aus, was ich meinem Schmetterling verdankte. Meine gleichbleibende Freude breitete sich positiv auf meine Familie aus. Ich liebte meine drei Kinder und Schwiegerkinder, denn jedes Kind hatte mir auf seine Art und Weise seine Liebe mit Dankbarkeit bis heute zurückgegeben.

Für meine Tochter Sabine brach erst mal eine Welt zusammen. Sie liebte ihre große Schwester, auch wenn sie sich manchmal gegenseitig nervten. Sie konnte mein Verhalten nicht verstehen, sie trauerte auf eine andere Art. Ich musste lernen, damit um zu gehen, abzuwarten, wie sich die Dinge irgendwann von selbst lösten.

Sabine holte sich für ihr Befinden die Hilfe, die ich ihr als Mutter nicht geben konnte. Zu tief war ihre Trauer darüber, mit dem Gedanken fertigzuwerden, dass sie jetzt keine Schwester mehr hatte. Ich war sehr besorgt um sie und war deshalb sehr froh, dass ihre Familie ihr Kraft und Halt geben konnte. Mit ihrem Mann Kai, Tochter Angelina und Sohn Sky hatte sie zum Glück Ablenkung. Auch, dass sie regelmäßig zu ihrer Arbeit ging, tat ihr gut. Ich wusste nur zu gut, dass jede Beschäftigung in dieser Situation das Beste war.

Sie entdeckte mit ihrem Mann von heute auf morgen ein gemeinsames Hobby. Ich war völlig überrascht, als sie beide eine bis dahin unerkannte gemeinsame Kreativität entfalteten: Sie entwarfen und fertigten wunderschöne Modeschmuckstücke, zum Verkauf und zum Verschenken. Vielleicht hatte ihr ja ihre Schwester Iris von „oben" ein Zeichen geschickt, so, wie ich meinem Schmetterling begegnen sollte.

Mein Sohn Helge hatte in jungen Jahren eine sehr gute Beziehung zu seiner Schwester Iris, doch jetzt führte er außerhalb von Mainz sein eigenes Familienleben und suchte sich den Abstand, den er brauchte. So ahnte er am wenigsten von der Krankheit seiner Schwester und wusste bis jetzt eigentlich nicht so recht, wie er sich verhalten sollte. Jedoch nahm er seit unserem Gespräch am Todestag seiner Schwester wieder häufig Kontakt zu uns auf. Seine Gebete und der Glaube an das Gute würden ihn stärken und begleiten.

Am Wochenende war ein traumhaftes Wetter für eine Radtour. Gleich am frühen Morgen starteten mein Mann und ich auf eine längere Fahrt. Als erstes führte ich ihn zum kleinen Friedhof in Hechtsheim. Ich war neugierig, wie er reagieren würde, wenn er den Schmetterling zu sehen bekam. Ich hoffte so sehr, dass dieser heute da war.

Kaum durchfuhren wir das Tor, tauchte „mein Admiral" auf, als hätte er nur darauf gelauert, uns zu empfangen. Wie immer streckte ich meine Hand nach ihm aus, wo er sich niederließ. Endlich konnte sich mein Mann selbst davon überzeugen. Er sah, wie der Admiral von meiner Hand flog und sich auf seine rote Fahrradtasche setzte. Wie selbstverständlich blieb er ohne Scheu darauf sitzen, was ich so noch nie von ihm erlebte. Meine Iris mochte meinen Mann. Im weiteren Verlauf fand ich heraus, dass mein Schmetterling sich nur den Menschen näherte, die ihm sympathisch waren. Auch meine Tochter Iris ließ sich oft deutlich anmerken, wen sie mochte oder wen nicht. Mit Freude über das Treffen des „Admiral Iris" mit meinem Mann machte ich einige Erinnerungsfotos.

„Ein Volltreffer!" dachte ich; dieses schöne Erlebnis war für mich etwas ganz Besonderes. Ich erinnerte meinen Mann daran: Ein „Admiral", ja das passte zu meiner Iris. Sie war groß, sie liebte alles Bunte, war anhänglich, flatterhaft, mal vergnügt, mal traurig, stets hilfsbereit und selbstbewusst auf ihre Art: Ja das war meine Iris. Nichts entging ihr, sie hatte alles im Blick und wusste immer, wo alles war. Sie war immer die Neugierige, was nicht immer von Nachteil war. Wie oft hatte ich etwas verlegt; sie half es zu finden. Das alles spiegelt mir mein Admiral Iris wieder.

In der Folgezeit ging ich fast täglich zu dem kleinen Friedhof. Zum Glück hatte ich nachmittags keine größeren Verpflichtungen und konnte mich auf die ungewöhnlichen Abenteuer mit meinem Schmetterling einlassen. Trotzdem war ich mir niemals sicher, ob er heute oder morgen noch da wäre. Bei jeder Begegnung war ich hin- und hergerissen von seiner wunderbaren Zutraulichkeit und den damit verbundenen Glücksmomenten.

Wenn ich mich bemerkbar machte, in dem ich kaum hörbar flüsterte: „Iris, Schmetterling, wo bist du?", dauerte es nie lange, bis sich vor mir sein Schatten auf den Boden abzeichnete. Ich freute mich schon fast jeden Tag darauf, ihn zu sehen.

Eigentlich war es immer der gleiche Weg, den ich ihm folgte. Rechts vorbei am Stein mit der Nummer 18, links die Nummer 17, danach ein Stückchen weiter geradeaus, dann hinter einer Kurve sonnte er sich vor einem Grabstein, auf dem der Name „Elfriede Schultheis" stand. Ich kannte die Verstorbene nicht und konnte nichts Ungewöhnliches entdecken. So spielte sich auch in den nächsten Tagen alles vor diesem Stein ab. Doch ich dachte, dass diese Gleichförmigkeit irgendwann durchbrochen werden würde, ich spielte einfach das Spiel meines Admiral Iris mit. Dieses Grab war immer mit schönen Blumen bepflanzt. In der Hoffnung, einmal die Angehörigen zu treffen, pflegte ich diese mit Liebe. Außerdem freute ich mich, dass mir jetzt ständig weiße kleine Federn zuflogen, als Erinnerung an meine Mutter Else. Ganz leise begrüßte ich jedes Mal eine Feder, wenn sie mir zu geflogen, ist mit den Worten „Hallo, Mama!" Das waren auch die Worte meiner Tochter Iris, die, immer, wenn wir uns trafen oder telefonierten, mich mit den Worten „Hallo, Mama!" begrüßte. Die Federn sammelte ich und steckte sie in die Blumenschale des Grabes von E. Schultheis.

Ungestört suchte der Schmetterling meine Nähe. Von allen Seiten machte ich Fotos von ihm, er ließ sich sogar streicheln. Ich betrachtete die Farben seiner Flügel und zählte die weißen Tupfen darauf. Ich war mir sehr sicher, dass es immer derselbe Admiral war, dennoch wollte ich weiterhin alles ganz genau beobachten. Zu Hause sah ich mir immer wieder die Fotos an, die ich an unterschiedlichen Tagen gemacht hatte. Nichts deutete darauf hin, dass es sich jeweils um einen anderen Schmetterling gehandelt hatte. Es war immer derselbe!

So blieb alles bei dem gleichen Ablauf. Dann jedoch brachte mich mein Admiral Iris dazu, eine Neuentdeckung zu machen: Bisher blieb er an der gleichen Stelle: Dort, wo ich die Blumen von Elfriede Schultheis gegossen hatte. Schlagartig jedoch veränderte sich diese Situation in etwas Geheimnisvolles. Mein Schmetterling lenkte meinen Blick über das Grab von Elfriede Schultheiß hinaus. Er zeigte mir eine Stelle, die ich bisher nie bemerkt hatte. Es war etwas, was mir den Atem verschlug und nur meine Tochter Iris und ich wissen konnten. Erschrocken sah ich einen eigentlich unübersehbaren großen, grauen Grabstein. Er war nicht besonders schön, aber er hatte einen gewissen Charme und stand da wie ein Fels in der Brandung. Wieso hatte ich ihn vorher nie gesehen?

Ich folgte also aufmerksam dem Admiral bis zu diesem Stein, der auf der anderen Seite des Weges stand. Hier setzte er sich oben auf die Kante und schaute gewissermaßen meiner Verwunderung zu. So, als würde Iris mir freudig zuflüstern: „Hallo Mama, schau her, hier steht mein Name. Eingemeißelt in großer und breiter Schrift stand auf dem Stein ihr Nachname „Barth". Meine Entdeckung war spannend, ja fast unheimlich. Auch hier wieder ein Erlebnis mit Gänsehaut-Effekt!

Er verweilte eine ganze Weile auf diesem Stein, bis ich alles fotografiert hatte. Erneut wurde ich in meinen langjährigen Gedanken bestärkt, ein Buch zu schreiben. Nun hatte ich endlich eine Kette von besonderen Ereignissen und Erlebnissen und Vorkommnissen, die festgehalten werden mussten! Hier erlebte ich selbst meine eigene Geschichte hautnah, ehrlich und nachweisbar. Später wurden immer mehr Menschen, mit denen ich ins Gespräch kam, meine Zeugen.

Bestimmt hatte das Schicksal noch mehr mit mir vor. Wie ich bereits einige Male betonte, glaubte ich nicht mehr an Zufälle, die für mich schon lange keine mehr sind.

Seit diesem Tag flog mein Admiral Iris den Stein von Elfriede Schultheiß nicht mehr an, so auch nicht mehr den Stein von Rudolf Baum. Ich schloss aus diesem Verhalten, dass er mir nur so lange etwas zeigte, bis ich begriffen hatte, was er/sie meinte.

Ralf Barth

Einige Tage später verabredete ich mich mit meinem Schwiegersohn Ralf Barth. Mit ihm konnte ich über Dinge reden, an die andere kaum glaubten oder sie verstanden hätten. Ralf war bei diesen emotionalen Gesprächen auf einer Wellenlänge mit mir. Bei diesem schönen Wetter konnte man damit rechnen, dass sich mein Admiral Iris zeigte. Ich war gespannt, wie er auf ihren Mann reagieren würde. Gerade deshalb wollte ich heute mit Ralf das besondere Erlebnis teilen. Das erste Trauerjahr meiner Tochter war gerade vorbei, deshalb schien es mir wichtig und angemessen, ihm etwas Außergewöhnliches zu zeigen. Er freute sich auf ein Wiedersehen und auf alles, was ihm heute begegnen sollte.

Da saß der Admiral wieder an der gleichen Stelle vor dem kleinen Friedhofstor. Ich begrüßte ihn. Selbst die Anwesenheit von Ralf störte ihn keineswegs. Im Gegenteil, er wirkte sogar ausgesprochen munter und fröhlich. Ich hätte schwören können, meine Iris freute sich über den Besuch ihres Mannes Ralf. Dieser Anblick war für uns einfach herzzerreißend, vor allem, mit anzusehen, wie viele Emotionen er in uns erweckte. Auch Ralf war sichtlich berührt und war hin- und hergerissen. Wir gingen gemeinsam durch das Tor, als wäre es das Normalste, einem Schmetterling in Richtung Grabstein „E. Schultheiß“ zu folgen. Hier setzte der Schmetterling sich nicht mehr hin, sondern bewegte sich immer vor uns in unserer Nähe. Mit einem Wink zeigte ich Ralf den gegenüberstehenden Grabstein. Groß wie ein Fels ragte er aus der Reihe hervor. Vielleicht sollte es jetzt erst der richtige Zeitpunkt sein, ihn zu sehen. Ralf fand keine Worte dafür und war sichtlich bewegt, seinen eigenen Namen „Barth“ zu lesen. Es verschlug meinem Schwiegersohn im wahrsten Sinne des Wortes die Sprache. In Verbindung mit dem Schmetterling und dem Verlust seiner Frau Iris überkam auch ihn die pure Gänsehaut. Auch beim Verlassen des Friedhofs übersah er die Zahlen 17 und 18 nicht. Vielleicht hatte es ihm etwas geholfen, ähnlich wie mir, mit der

Trauer anders umzugehen. Ich brachte ihn noch bis zur Bushaltestelle. Bewegt von diesen Augenblicken verabschiedeten wir uns mit einem lachenden und einem weinenden Auge.

„Bis bald mal wieder, tschüss Ralf!" Auch wenn wir uns irgendwann nicht mehr sahen, blieben uns die schönen Erinnerungen an unsere Iris.

Tagebuch: Fortsetzung

Meine Besuche zum Admiral zogen sich bis in den August hinein. Immer mehr konnte ich meine Familie und meine Freunde mit meinen kleinen Erlebnissen begeistern. Mit meiner daraus hervorgehenden Ausgeglichenheit und Ruhe steckte ich alle an und war überglücklich, meine Freude mit anderen teilen zu können. Auch mein Chef sowie meine Freundinnen Margot und Ilse wollten weiterhin die neuesten Erlebnisse erfahren. Selbst Margot achtete jetzt mehr auf Schmetterlinge in ihrem Garten. Sie konnte sich so herrlich mit mir freuen und amüsierte sich darüber, dass mein Schmetterling so einzigartig war.

Unsere Enkelin Tamara besuchte uns für ein paar Tage in den Ferien. Mit ihren elf Jahren war sie bereits für alles Schöne und Besondere zu begeistern. Ich wollte sie mit meinem Schmetterlingsereignis überraschen. Am Spätnachmittag war die beste Zeit dafür, sie zu einem Spaziergang über die Weinberge einzuladen. Von hier aus konnte ich mit ihr unbemerkt zum Friedhof gelangen. Damit es auch eine Überraschung blieb, erzählte ich ihr nur, wie schön mein Schmetterling aussah und dass ich ihn „Admiral Iris“ nenne. Alles andere könnte ich ihr noch viel später erzählen. Aufgeregt zogen wir beide los und genossen die Zweisamkeit mit netten Gesprächen. Immerhin sollte heute ein ganz besonderer Tag für sie sein.

Auf dem Friedhof kamen wir unserem Ziel immer näher, was würde uns hinter der Kurve bis zu den grauen Steinen erwarten? Hand in Hand schlichen wir uns näher heran. Die Atmosphäre war heute anders als sonst. Mein Blick fiel wie immer zuerst auf den Stein. Tamara lauschte, wie ich mit meinen geflüsterten Rufen einen Versuch startete, den Admiral anzulocken. An ihrer Mimik und ihrem Verhalten merkte ich, dass sie langsam ungeduldig wurde und munterte sie mit den Worten auf: „Vielleicht haben wir Glück, und der Admiral sitzt heute an einer anderen Stelle“. Ich zeigte ihr, wo alles mit diesem Schmetterling begonnen hatte und an welche Stellen er mich geführt hatte. Wir schauten zuerst an die Ruhestätte von R. Baum. Mit meiner Wahrnehmung, dass sich heute etwas verändert hatte, lag ich vollkommen richtig. Ein kleiner, mir noch unbekannter Schmetterling saß vor dem Stein. Seine Flügel leuchteten in der Sonne so zart wie Pergamentpapier. Hellbraun mit weißen Kreisen und einem hellblauen Punkt in der Mitte. Zuerst schenkte ich dieser Begegnung keine Bedeutung, aber was mich stutzig machte war, dass er genauso zutraulich war wie mein Schmetterling Iris.

Endlich hatte meine Tamara einen Grund, fröhlich zu sein. Überrascht erlebten wir hautnah einen ganz anderen Schmetterling. Dieser flog plötzlich hoch über unseren Köpfen in Richtung Ausgang. Es zog uns, ihm zu folgen.

Ähnlich wie beim Admiral blieben wir aufmerksam. Mir war, als könnte ich die Sprache der Schmetterlinge verstehen oder auch umgekehrt. Ich war schon auf Ungewöhnliches fixiert, deshalb war ich gespannt, was uns noch erwarten würde. Bevor er sich dem Tor näherte, kreiste der neue Schmetterling über der Ruhestätte von E. Schultheiß. Merkwürdig war das schon. Es erinnerte mich alles an den Admiral, der mir die gleichen Stellen zeigte. Dieses Erlebnis schien wirklich spannend zu werden. Tatsächlich erwarteten uns gleich zwei gleiche, von diesen braun, weiß und hellblau gepunkteten Schmetterlingen auf dem Stein am Ausgang. Noch nie hatte ich in dieser Art eine ähnliche Begegnung erlebt.

Sie saßen links und rechts auf dem Stein, die Mitte wurde exakt freigehalten. Als würden sie extra diesen Platz für Tamara frei lassen. Ich forderte sie auf, sich vorsichtig dazwischen zu setzten. Normalerweise würden die Schmetterlinge fortfliegen, aber was war bei meinen Erlebnissen schon normal? Ein Bild für die Götter, ich kann es nicht beschreiben. Keiner von beiden Schmetterlingen hatte Berührungsängste. Tamara konnte sie sogar leicht berühren. Überhaupt glaube ich, wer erlebte schon so etwas? Diese Erinnerungen musste ich jetzt im Foto festhalten. Eigentlich wollten wir nach Hause gehen, da wir bestimmt auch schon vermisst wurden, aber meine innere Stimme bewog mich, noch ein Weilchen zu bleiben.

Meine Vorahnung und mein Glaube, dass wir meinen Schmetterling Iris noch sehen würden, ließen mich nicht los. Eine leichte Gänsehaut machte sich bemerkbar. Nur ganz selten hatte ich mich über diese Art Gefühl getäuscht. Es kam so, wie ich dachte: In diesen Moment flog mein Admiral direkt über mir und landete dicht neben Tamara. Noch blieben diese zwei anderen Schmetterlinge solange sitzen, bis sich die Wiedersehensfreude mit meinem Admiral gelegt hatte. Was für ein Schauspiel, was für ein Märchen, könnte man jetzt sagen. So etwas Verrücktes hatte selbst ich noch nie gesehen. Man steht dabei und ist einfach nur sprachlos und glücklich.

Als hätten sie sich abgesprochen, verließen uns die beiden anderen Schmetterlinge. Ich sollte nur etwas Geduld haben und abwarten. Diese beiden kleinen Schmetterlinge wurden mir offensichtlich als Vorboten geschickt, um uns aufzuhalten und auf den Admiral zu warten. Was für ein wundervolles Zeichen meiner Iris. Eines wusste ich ganz genau, jede meiner ungewöhnlichen und spannenden Geschichten war wahr: Enkelin Tamara hatte ihrem Papa und ihrem Opa Jürgen viel zu erzählen …

Obwohl ich mit allem Ungewöhnlichen sehr beschäftigt war, freute ich mich jetzt auf einen gemeinsamen Urlaub mit meinem Mann. Er war sehr froh darüber, dass ich endlich diese Auszeit mit einer anderen Abwechslung genießen würde und hatte damit recht. Außerdem käme ich endlich mal auf andere Gedanken.

Am 18. August, es war genau ein Jahr nach dem Todestag meiner Mutter, fuhren wir mit guten Freunden nach Berlin. Hier wollten wir mit unseren Fahrrädern den sogenannten Mauerradweg befahren und auch Berlin-Mitte erkunden. So kamen wir auch am Friedhof in Spandau vorbei und nutzten dies, bei meiner Mutter Else ein paar Blümchen an ihr kleines Urnengrab zu legen. Neben ihr stand immer noch diese große Kiefer, die hoch zum Himmel ragte, wo hellblaue Wölkchen zu sehen waren.

Diese Woche ging viel zu schnell herum, wir haben viel erlebt und gesehen und konnten uns an jedem Abend bei einem schönen Essen über unsere Tagestouren austauschen.

Von Berlin aus fuhren wir nach Laboe und verbrachten dort noch eine Woche Strandurlaub. Für uns war Laboe zu einer zweiten Heimat geworden. Uns gefielen die Menschen mit ihrem norddeutschen Charme, die gute Luft und das von Fisch geprägte Essen.

Je mehr sich unser Urlaub dem Ende näherte, kam auch die Sehnsucht nach meinem Schmetterling zurück. Wäre es möglich, dass mein Admiral noch an der gleichen Stelle sitzen würde? War er überhaupt noch da? Ich freute mich auf unser Zuhause, die Familie und alles was ich gerne hatte und vermisste.

In der ersten Septemberwoche war es mir sehr recht, dass mein Chef einige Zeit auf Reisen ging. Mich erstaunten immer wieder die für sein hohes Alter ungewöhnlich strotzende Gesundheit und seine große Reiselust. Mit seinem langjährigen Freund und Reisebegleiter ging er wieder einmal auf große Fahrt.

Nachdem er und ich alles Wichtige besprochen und erledigt hatten, konnte ich in aller Ruhe und ohne Hektik meine Koffer auspacken. Genügend andere Dinge warteten auf mich: Haushalt, Gartenarbeit, Freunde anrufen, Kinder und Enkel wiedersehen und natürlich – nach meinem Schmetterling Iris schauen.

Meine Hoffnung, gemeinsam mit Margot den Admiral zu sehen, hatte ich noch nicht aufgegeben. An einem warmen Septembertag war das richtige Wetter. Wir hatten uns wie immer viel zu erzählen und machten uns freudig auf den Weg. Schade, ausgerechnet heute kam es wieder einmal, wenn Margot dabei war, zu keinerlei Begegnungen mit meinem Admiral Iris. Nicht einmal ein leises Rufen oder Flüstern brachten ihn dazu, sich uns zu nähern. Irgendetwas war anders als sonst, und mein Gefühl von „Gänsehaut“ blieb auch weg.

Vielleicht war die Zeit der Schmetterlinge doch schon vorbei, was zu dieser Jahreszeit auch normal wäre. Wir konnten unsere Enttäuschung nicht verbergen, trotzdem war ich froh, dass Margot einen Einblick in meine Geschichten bekam. Sie sagte noch: „Vielleicht konnte Iris mich nicht leiden?“

Meine Iris war auch in Lebzeiten sehr direkt und ließ es sich sofort anmerken, wenn sie jemanden nicht so sehr mochte. So geschah es auch mit anderen meiner Bekannten. Ich glaube aber eher, dass es meist Menschen waren, mit denen sie nicht viel zu tun hatte und die sie kaum näher kannte. Wie schade, gerade ihr hätte ich es gegönnt.

Ich begleitete Margot noch bis zur Bushaltestelle und winkte ihr fröhlich zu. Vielleicht war es jetzt wirklich das Ende einer schönen Geschichte, die ich in meinem Tagebuch festhalten wollte.

Auf meinem Heimweg blinkte mir unter einer Laterne am Boden etwas entgegen. Ich dachte an einen Bierflaschendeckel und fand es nicht so wichtig, mich zu bücken. Doch nach ein paar Schritten zog es mich zurück. Meine Neugier hatte mich nicht getäuscht: Vor mir lag ein aus Leder gefertigtes, kleines Modell eines bunten Schmetterlings.

Seine Farben waren so schön wie die von meinem Admiral. Der Rumpf schimmert dunkelbraun und die Flügel leuchteten rot.

Statt weißer Tupfen hatte er Silbernieten in seinen Flügeln. Mir schien, als hätte ihn mir meine Tochter Iris gerade hingelegt. Eine ähnliche Situation hatte ich mit meinem Schal erlebt, worüber ich Ihnen, liebe Leser, schon am Anfang meiner Geschichte erzählte.

Es war ein faszinierender Anblick: Warum gerade ein Schmetterling? Ich sah, dass dieses Lederstück von irgendetwas abgerissen wurde und trage es seitdem fast immer bei mir. Vielleicht spielte dieser Leder-Schmetterling bald eine wichtige Rolle in meiner Geschichte, denn er hatte Ähnlichkeit mit dem Blumengesteck, das wir zur Trauerfeier meiner Tochter anfertigen ließen.

Ich hatte nun schon so viele dieser Geschichten erlebt, dass ich damit immer besser umzugehen lernte. Einige meiner Freunde und Bekannten hatten mir geraten, dass ich nicht zu viel in diese Dinge hineininterpretieren sollte. So auch die Frau meines früheren Chefs. Sie lief mir eines Tages über den Weg und sah, wie der Schmetterling um mich herumtanzte. Ich versuchte, ihr in kurzer Zeit etwas von meiner Geschichte zu erzählen, aber für dieses Thema war sie offensichtlich nicht die richtige Ansprechperson. Schon einmal hatte sie mich zu einer privaten Sache beraten wollen, ich war aber ihrem Rat zum Glück nicht gefolgt.

Meine Entscheidungen traf ich lieber selbst und wurde eigentlich fast nie enttäuscht. Bisher hatte sich alles bestätigt, was ich gesehen, gefühlt und erlebt hatte und das hautnah. Die Zeit würde es mit sich bringen.

Jedes meiner Fotos und Glücksmomente hielt ich weiterhin im Tagebuch fest und wusste immer noch nicht genau, wie lange diese Art Schmetterling lebt. Ich dachte nur an die schöne Zeit mit ihm, und was er mir alles gezeigt und gegeben hat. Durch ihn hatte ich meine schwerste Trauerzeit überwunden und war sehr glücklich und dankbar dafür.

Der Professor hatte von seinem Sohn Ralf eine wunderschöne Holzbank anfertigen lassen. Diese hat er dem Mombacher Friedhof für die anonyme Wiese gestiftet. Auch er wollte als Spender anonym bleiben, so wie die Gräber auf dieser schönen Wiese. Hier, wo auch seine Frau Iris und meine Tochter Iris an gegenüberliegenden Stellen eine Baumbestattung bekamen. Gerne saß ich bei schönem Wetter auf dieser Bank und konnte von dort aus die ganze Wiese überblicken. Wie schade, dass sich die beiden nicht gekannt haben! In der Mitte dieser Bank wurde aus Kupfer eine Gedenktafel einzementiert: „Den Lebenden ein Platz und Ort für Entspannung, Besinnung und Gedenken".

In wenigen, aber regelmäßigen Abständen, wie Geburtstagen, Feiertagen und wichtige Trauerzeiten, fuhr mein Chef noch eigenständig mit seinem Elektromobil oder Auto zu diesem Friedhof. Es war im vierten Jahr, seitdem seine Frau Iris ihn und seine Familie verlassen hatte. Ja, ich muss es immer wieder betonen: Er war geistig und körperlich jung geblieben. Bis auf ein paar Kleinigkeiten machte er noch alles selbst. Wie schön, dass wir uns ab und zu in Gesprächen austauschen konnten.

Rückblick

Unsere Tochter Iris wurde in Berlin-Spandau im Waldkrankenhaus am 17. August 1963 geboren. Am diesem Tag gab es zwei weitere Geburtstagskinder in der Familie: Ihr Vater Arno und ihre Urgroßmutter Leokardia Sommerfeld. Sie alle feierten damals diesen Tag mit allen Gästen, die noch vom Vortag zur Hochzeit meiner Schwester Christel und Schwager Udo anwesend waren. Ich war gerade 17 Jahre jung, welch ein Fest!

Nach fast dreißig jähriger Ehe trennten sich unsere Wege. Wir lernten neue Partner kennen und es wurden im Jahr 1995 gleich drei neue Ehen geschlossen: Mein ehemaliger Ehemann, mein Sohn Helge und ich heirateten fast zur gleichen Zeit. Dieses Ereignis mussten wir in die Zeitung bringen. War das nicht „Witzig“? Alle drei Ehen sind noch intakt, worauf wir sehr stolz sind. Drei Geburtstage in der Familie und drei Hochzeiten. Zufälle, die keine sind!

Fortsetzung: Tagebuch

In diesem Herbst zog es mich wieder einmal zum kleinen Friedhof. Meine Erwartungen, auch noch zu dieser Jahreszeit meinen Admiral zu sehen, wurden mehr als erfüllt: Er bot mir ein Wiedersehen, als hätte er nur darauf gewartet, dass ich heute kam. Tränen der Freude schossen mir die Augen, die ich kaum aufhalten konnte oder wollte. Zuviel hatte ich noch nicht verarbeitet, wie würde es ohne ihn mit mir weitergehen? Ich wollte jede Minute mit meinem Admiral Iris auskosten. Schließlich sagte man diesen Schmetterlingen nur ein halbes Jahr Lebenszeit nach.

Als ich meine Hände nach ihm ausstreckte, bewegte er sich ganz zahm und liebevoll auf meine Hand. Ganz ruhig begab ich mich bis zum Stein. Nichts konnte ihn erschüttern, fort zu fliegen, nur seine Flügel bewegten sich etwas, blieben aber leicht geschlossen. Ganz sachte pustete ich ihm meinen Atem durch seine Flügel, was ihm offensichtlich sehr gefiel.

In seiner ganzen Pracht faltete er seine wunderschönen, farbigen Flügel auseinander und ich erkannte ihn an seinen besonderen weißen Tupfen. Er drehte sich zu mir, es war mir, als ob er lauschte und jedes Wort verstehen würde. Immer wieder war es mir ein Rätsel, was in diesem Schmetterling vor sich ging. Ich erzählte meiner Iris, dass es ihrem Stiefvater nach einer Operation wieder gut ging und er bald wieder nach Hause konnte. Wie ausgewechselt, wurde er plötzlich ganz munter. Wieder tanzte er mit zwei anderen Schmetterlingen über meinem Kopf. Eine Vorstellung, die sich in diesen beiden Jahren oft wiederholte. Immer wenn meine Iris glücklich war, setzte sie mir offensichtlich dieses Zeichen.

Unsere Ruhe wurde bald durch ein sehr lautes Autogeräusch gestört. Es blieb mir gerade noch Zeit, mich umzuschauen und diesen drei Admiralen nachzuwinken. Ein zu schneller Abschied, aber es war heute mal wieder eine erfahrungsreiche und abgeschlossene Geschichte, die ich als Kostbarkeit und Andenken mit in mein Tagebuch schreiben würde.

Wo alles begann

Bald wird mein Chef seinen dreiundneunzigsten Geburtstag feiern. Wenn seine Kinder und Enkel zu seinem Geburtstag kamen, war das immer etwas Besonderes. Ich wollte noch einiges zum Fest vorbereiten. Das Haus war groß, hier hatten alle genügend Platz. Ich freute mich jedes Mal, wenn sie anreisten, konnte sie mit Kleinigkeiten verwöhnen und überraschen. Da ich ja selbst Oma von fünf Enkelkindern war, fiel es mir nicht so schwer, auch für sie in diese Rolle zu schlüpfen. Im Internet konnte ich nachsehen, wie das Wetter um den 5. Oktober werden würde. So wusste ich, dass es in dieser Woche sehr schön wäre. Am Tag der Deutschen Einheit, am dritten Oktober, schaute ich nochmals bei ihm vorbei. So hatte ich die Gewissheit, dass alles ist in bester Ordnung ist, wenn Gäste anreisten und Gratulanten kamen.

Auf dem Weg nach Hause entdeckte ich vor seiner Haustür etwas, das mich aufschrecken ließ. Plötzlich überkam mich ein gleiches Gänsehautgefühl, das ich nur von Begegnungen mit meinem Schmetterling Iris kannte. Ich wusste nur zu gut, was es bedeutete und suchte nach einer Erklärung. Unglaubliches passierte: Zu meinen Füßen saß ein wunderschöner großer Admiral. Ruhig, fast zutraulich, als kannten wir uns bereits, blieb er vor mir sitzen. Ich dachte sofort an die Ehefrau des Professors, Iris: Hier war ihr Zuhause und hier hatte ich bis heute nie das Gefühl verloren, dass sie in meiner Nähe war. Ja, hier wohnte auch eine Iris und ein Admiral zeigte sich kurz vor dem Geburtstag ihres Mannes.

Es kamen alle Erinnerungen zurück: Gleicher Friedhof in Mombach, gleiche anonyme Wiese mit Baumbestattung, gleiche Urne von ihrem Sohn Ralf und gleicher Name Iris. Dann im Friedhof Hechtsheim zeigen sich stets zwei, höchstens drei Admirale. Wer es auch immer war, für mich existieren drei liebenswerte Menschen, die ich in den Schmetterlingen wiedererkannte:

Iris – Else – Iris

Ich erzählte dem Professor von diesem Vorfall. Nur zu gut konnte er mich verstehen, da ich ihm bisher alle meine Geschichten erzählt hatte. Desto erfreuter war er über diese neue Botschaft. Wie schade, dass ich keinen Fotoapparat dabei hatte. Wer ahnte denn auch so etwas? Ich schwor mir, ab jetzt immer einen Apparat oder mein Handy dabei zu haben. Vielleicht bildete ich mir zu viel ein, aber ich blieb meinem Wunschdenken treu, dass Träume in Erfüllung gehen. Ich wollte auch einfach daran glauben.

93. Geburtstag

Heute ist sein Geburtstag, und ich darf meinen Fotoapparat nicht vergessen. Ich wollte an alles denken und hatte für den Nachmittag alles sehr gut vorbereitet. Vor seinem Mittagsschlaf schaute ich nochmals zu ihm rein, um ihm zu gratulieren. Mit einem breiten Lächeln und dem Glanz in seinen blauen Augen begrüßte er mich. Erstaunlich, wie gut er noch aussieht, dachte ich. Man sah ihm sein Alter einfach nicht an. Zur Übernachtung hatten sich keine Gäste angemeldet, also brauchte ich nichts als die frischen Blumen in eine passende Vase zu stellen. Vor dem Bild seiner Frau Iris fand ich einen geeigneten Platz für diese Blumen. Schließlich gehörte sie dazu und an die Seite ihres Mannes.

Wir erzählten über das gestrige Erlebnis und spaßten nochmals über die Ähnlichkeiten der Ereignisse mit dem Admiral der beiden Iris. Ich wünschte ihm noch einen schönen Geburtstag und weiterhin recht viel Gesundheit und weiterhin viel Lebensfreude.

In der Erwartung, den Admiral doch noch einmal zu sehen, schaute ich neugierig um die Ecke hinter dem Haus. Es schien, als wäre es wirklich nur ein Wunschtraum geblieben. Aber ich hatte Zeit und machte den Versuch, wie bei meiner Tochter. Iris, Schmetterling flüsterte ich etwas lauter. Meine Ausdauer und meine Geduld wurden tatsächlich belohnt: Er war wirklich wieder da. Ein Freudenruf ging von mir aus, als ich ihn neben mir auf einer Hecke sitzen sah. Bitte, bitte, betete ich, bleibe nur noch einen Moment hier sitzen, damit ich das schönste Geburtstagsgeschenk für meinen Professor machen konnte: Ein Foto.

Es war einfach toll: Als ahnte er, was ich bezwecken wollte, ließ er mich in aller Ruhe ein Paar wundervolle Fotos schießen. Es war eine so tolle Nahaufnahme, wie ich sie selten von einem Schmetterling gemacht hatte. Jedes seiner zwei Fühler sah wie zwei aneinandergereihte Perlenketten aus. Schnell bat ich meinen Professor nach draußen.

Trotz seiner Gehbehinderung tat er sein Bestes. Gott sei Dank saß der der Schmetterling noch auf der gleichen Stelle in der Hecke. Der Professor hatte seine helle Freude daran, endlich diesen Admiral zu sehen, von dem ich ihm solange erzählt habe. Was für ein tolles Geburtstagsgeschenk von seiner Frau Iris, dem Admiral, und was für eine Geschichte mit unglaublich wahren Begegnungen und Ähnlichkeiten! Hier, wo alles begann. Ganz stolz hatte ich ihn endlich von meiner Geschichte überzeugen können und war dankbar über die Erfüllung meiner Wünsche. Ich fand immer mehr wunderbare Begebenheiten für meine unglaubliche Geschichte, die noch nicht zu Ende war.

Tagebuch: Fortsetzung

Meine Freundin Gerhild war immer sehr viel dienstlich unterwegs, so freuten wir uns, wenn wir uns einmal wieder über den Weg liefen. Für eine Tasse Kaffee reichte es immer, und ich freute mich, nach der Arbeit schnell zu ihr zu gehen. Sie hatte stets Schokolade und Pralinen, die wir dabei vernaschten. Gerhild nahm es nicht so wichtig, auf ihre Figur zu achten. Sie war wie ich ein Genussmensch und zauberte die tollsten Gerichte in ihrer kleinen netten Wohnung. Manchmal, wenn ich mal nicht zur Stelle war, vertrat sie mich gerne bei dem Professor und bemühte sich, ihn ebenfalls zu verwöhnen.

Für eine ganze Weile hatten wir uns aus den Augen verloren. Mit ihr hatte ich in diesem Jahr viel Freud und Leid geteilt und sie hatte mir sehr über den Verlust meiner Tochter hinweggeholfen. Danke liebe Gerhild, für alles. Ich vermisse dich.

In diesem Jahr hatte ich so viele Begegnungen, Erlebnisse, Ängste, Trauer, Freude und Gefühlsausbrüche, die ich gerne zum Jahresabschluss verarbeiten wollte. Die Adventszeit und die Weihnachtszeit verbrachten meine Familie und ich zu Hause. Auch in der Kartaus ging alles seinen gewohnten Gang: Wie in jedem Jahr, hatte ich den Weihnachtsbaum vorbereitet, gebacken und die Wohnung weihnachtlich geschmückt.

Das Jahr 2015

Nach den Feiertagen holte uns der Alltag schnell wieder ein. Bis auf kleinere Beschwerden, die das Älterwerden mit sich bringen, fühlte ich mich noch fit genug, um für den Professor weiterhin dazu sein. Nebenbei ging ich mit meinem Mann ins Sport-Center und einmal in der Woche mit Gisela zum Schwimmen. Das wurden oft die schönsten Abende, die wir neben dem Schwimmen zum ausgiebigen Plaudern nutzten. Mittwochs traf ich mich ziemlich regelmäßig mit Margot zum Stadtbummel. Das gehörte für uns einfach dazu, obwohl mein Mann das nie verstehen würde, warum sollte er auch …

In diesem Jahr feiern wir unseren zwanzigsten Hochzeitstag. Wer hätte uns das zugetraut und gedacht. Jedenfalls waren wir sehr stolz darauf. Außerdem wurde Ralf wird fünfzig Jahre alt, und bezog endlich seine eigene Wohnung.

Meine Engel

Mit meiner anderen Freundin Helga machte ich viele Spaziergänge bei uns in den Weinbergen. Ihr erzählte ich die Geschichten von meinem Admiral. Vielleicht kommt er in diesem Jahr noch einmal, scherzte ich. Jedenfalls fand sie diese Geschichte hochinteressant und wünschte mir viel Glück dabei.

An einem anderen Tag teilte sie mir mit, dass sie mit der Entrümplung ihrer Wohnung beschäftigt ist. Dafür hatte ich immer ein Ohr und schaute mir alles an. Vor allem gefiel mir ein drolliges rosa Plüschschwein. Es sei nicht mehr in Ordnung, meinte Helga, früher habe es ein Lied gesungen. Ihr Mann schenkte es ihr vor vielen Jahren. Egal, ich verliebte mich sofort in dieses rosa Plüschtier und nahm die anderen für eine Kindertagesstätte mit.

Am Abend nahm ich das wohlriechende Plüschschwein mit ins Bett. Es ist zwar kitschig, aber jetzt hatte ich einen Glückshund, ein Schaf und ein Glücksschwein als Kuscheltier. Drei Haustiere, die ich mir halten konnte. Das müsste reichen, dachte ich. Mein Mann schlief schon, nur ich hantierte noch mit dem Schweinchen herum. Dabei drückte ich versehentlich auf die linke Vorderpfote, und mein Glücksschwein fing an zu singen: „Du bist mein Sonnenschein, Du bist mein Mädchen.“ Perfekt dachte ich, dass passt doch, und ich wünschte mir, meinen Admiral Iris wieder zu sehen. Ja, mein Sonnenschein, mein Mädchen, sagte ich leise und schlief ein. Später bedankte ich mich bei Helga und wünschte ihr ebenfalls viel Glück. Sie hatte es verdient.

Leider trennten sich unsere Wege durch unterschiedliche Auffassungen, die wir nicht auf einen Nenner bringen konnten. Trotzdem verdankte ich ihr sehr viel. Von ihr bekam ich den Rat, mich mit den Engeln zu beschäftigen und an sie zu glauben. Sie haben mir bis heute geholfen. Auch im Hause des Professors hatte man sich mit Engeln beschäftigt. Das Buch von Frau Iris mit dem Titel „Engel, lass mich nicht allein!“ hatte ich mit Freude gelesen und mir und Freunden zum Geschenk gemacht.

Wieder Zufälle, die keine sind

Mir fiel ein, dass Frau Iris mir auch einen für mich sehr wertvollen schönen Taschenkalender von 2010 geschenkt hatte. Ich nutzte ihn als Tagebuch. Erst viel später bemerkte ich, dass ich in diesen Tagebuchkalender damals nur etwas bis zum fünften Juni eingetragen hatte und ihre Enkeltochter Jana an diesem Tag Geburtstag hatte. Warum fiel er mir gerade jetzt in die Hände? Er war wunderschön und trug den Titel, „Die Zeit ist gut". Ich schlug ihn auf uns sah einen wunderschönen Schmetterling mit den Worten dazu: „Veränderung und Überraschung ergeben sich, während ich mich am neuen Wachstum erfreue. Leben erwacht und Schönheit ist überall. Ich blicke mit Entzücken auf alles, was ich sehe!"

In diesem Satz war alles enthalten, was ich mit meiner Geschichte über Veränderungen, Überraschungen, neuem Wachstum und Schönheit mit meinen Schmetterling Iris erkannte und erlebt hatte. Ich blickte mit Entzücken auf alles, was ich sah. Dafür war ich Frau Iris sehr dankbar.

Ich erinnerte mich an die damalige Nacht vom sechsten auf den siebenten März. Ich schlief sehr unruhig und mich fröstelte. Meinen schwarzen Pullover vom Vortag hatte ich einfach angelassen, weil er mich wärmte. Es war mir egal, ich wollte nur noch ins Bett. Am nächsten Tag kam dann die traurige Nachricht von unserer Frau Iris.

Erinnerungen an Ähnlichkeiten rüttelten mich wieder auf. Mir kam der Gedanke, dass ich am Todestag meiner Tochter Iris mit Gerhild bei 30° Hitze in schwarzen Sachen einen Stadtbummel machte. Lange Zeit musste ich mich überwinden, Schwarz zu tragen, doch heute sehe ich die fröhlichen Anlässe darin und gewöhnte mich wieder an diese Farbe. Zwei Mal schwarze Kleidung, zwei Mal Iris.

Fortsetzung: Tagebuch

Immer, wenn mein Sohn Helge seinen Geburtstag feierte, freute sich die ganze Familie, denn die Feiern bei ihm waren einzigartig. Hier hatte man viel Platz in Haus und Garten. Jeder konnte Neuigkeiten austauschen, es war harmonisch und einfach immer schön. Mit meinem Enkel Patrick, Sohn meiner Iris, hatten wir netten Kontakt. Leider zog er sich später von der Familie zurück, nur mein Mann und ich wurden von ihm noch akzeptiert, warum auch immer. Schade. Noch in diesem Jahr wollte er heiraten. Wie schön, dachten wir, da wäre seine „Mutsch" sehr stolz gewesen.

Die erste Radtour in diesem Jahr führte meinen Mann und mich wieder zur anonymen Wiese nach Mombach. Hier konnten wir immer gleich zwei Besuche verbinden. Zweimal Iris. Der kleine Kirschbaum war ganz schön gewachsen, die Plakette mit meinem Geburtsdatum hängt noch dort und wächst mit in die Höhe. Von dort aus hatte ich auch den Blick zur anderen Iris. Wieder fielen mir die Steine mit der Nr. 17 links und Nr. 18 rechts auf. Dies wäre eigentlich nichts Ungewöhnliches, doch diese zwei Blöcke mit den gleichen Zahlen stehen auch auf dem kleinen Friedhof in Hechtsheim. Zeichen, die für mich bestimmt waren. Ich hatte im letzten Jahr so viele unglaubliche Erlebnisse, dass mich nichts mehr erschüttern konnte, ich wurde nur immer wachsamer.

Mein Chef hatte schon vor einiger Zeit eine Kur beantragt. Nun wurde sie endlich bewilligt. Das hieß, auch ich hatte einen Monat Urlaub. Der ganze Juni konnte verplant werden: Nach einer Woche Laboe mit meinem Mann verbrachte ich eine weitere Woche dort mit meiner Schwester Christel und meiner Freundin Margot. Wir hatten zwar die richtige Kleidung mit, doch das schlechte Wetter sorgte für Stimmungsschwankungen. Gut, dass wir noch shoppen konnten und ab und zu während eines Regengusses im Strandkorb eine Tasse Kaffee genossen.

Wieder zu Hause, hofften wir auf wärmere Tage. Mein Chef kam von seiner Kur zurück und sagte scherzhaft, dass er sich so etwas nicht mehr antut, eine Erholungskur zu Hause wäre besser gewesen.

Es wurde Zeit, dass der Juli uns den langersehnten warmen Sommer brachte. Die Geburtstage rückten näher, erst der meiner Tochter Sabine, dann der von Gerhild und heute war mein Geburtstag. Zuerst musste ich jedoch zu meiner Iris nach Mombach fahren. Ich freute mich auch auf ihren Kirschbaum, an dem mein Geburtsdatum 14.7. steht. Heute würde Iris an mich denken. Ich umarmte den Baum und wünschte ihm, dass er groß und stak werden sollte. Jetzt ging es mir gut und ich konnte am Nachmittag mit all meinen Lieben die ersten richtigen warmen Sonnenstrahlen genießen. Bis hierher war unsere Stimmung erträglich.

Die traurigen Tage standen mir noch bevor. Heute, am 24.7.vor zwei Jahren, telefonierte ich noch mit meiner Iris und sie erinnerte mich an den Geburtstag von meiner Freundin Ilse. In ihrer Verzweiflung hatte sie noch an das Schöne gedacht.

An diesem Jahrestag fühlte ich mich wieder einmal traurig und hilflos. Sie schickte mir einen Schmetterling – Admiral, schenkte mir eine wunderschöne und wahre Geschichte dazu, damit ich mir meinen Wunschtraum, ein Buch zu schreiben, erfüllen konnte. Danke, meine Tochter, für alle Zeichen die du mich erkennen lässt, um dir nahe zu sein. „For ever yours. Mama".

Gerhild erzählte mir, dass sie im August nach Berlin zieht. Beruflich könnte sie sich da verbessern, und sie hätte ihre Tochter und Enkel jetzt in ihrer Nähe. Gut, dass ich ihr in dieser Zeit der Jahrestage meiner Trauer bei den Umzugsvorbereitungen helfen konnte. Das lenkte mich etwas ab. Sie kannte meinen Professor bereits viel länger als ich. Auch er war traurig über ihr Weggehen, denn so manches Mal hatte sie für ihn ein leckeres frisches Süppchen gekocht.

Der Abschiedsschmerz war jedoch schnell überwunden: Ein paar Tage Fahrradfahren in Ostfriesland mit unseren Enkeln Sky und Tamara ließen mir kaum Zeit, an andere Dinge zu denken. Es waren unbeschwerte, fröhliche Tage. Die beiden sorgten für jede

Menge Abwechslung, was mir und meinem Mann sehr gut tat. Die Kinder waren an allem interessiert und liebten Fahrradtouren auf dem Deich, wo wir unter anderem den „Otto – Leuchtturm“ besuchten.

An einem Nachmittag kam uns am Haus des Fahrradverleihs ein großer Schwarm von Schmetterlingen, alle von der Art „Admiral“, entgegen. Ich war sehr erstaunt und überrascht und entdeckte einen Busch mit großen blauen Blüten. Darin hingen die Tiere wie Trauben dicht an dicht. So etwas Schönes hätte ich mir hier im Norden nicht erträumt.

Ein blauer Schmetterling

Vielleicht lachte mir ja das Glück auch wieder zu Hause. Dort wieder angekommen, war ein sehr warmer Tag und ich fuhr direkt mit meinem schwarzen Mini zu dem kleinen Friedhof. Aufgeregt wie ein Teenager beim ersten Date kam ich nach langer Zeit wieder hierher. Es könnte ja sein, dass vielleicht auch in diesem Jahr wieder ein Schmetterling kommen würde. Ich stieg aus und näherte mich dem grauen Stein. Darauf lag ein silberner Schlüsselanhänger, statt eines Schmetterlings, genau in der gleichen Mulde.

Was hatte ich anderes erwarten können? Er passte genau auf meinen kleinen Finger, und ich machte mir so meine eigenen Gedanken. Ich erinnerte mich, dass ich genau vor einem Jahr einen bunten Lederschmetterling unter der Laterne gefunden hatte, der von irgendetwas abgerissen war. Zufall? Nein, abermals ein Zeichen! Eine Blitzidee machte mich neugierig, was ich in diesem Jahr vielleicht entschlüsseln sollte.

Gestern wäre meine Iris einundfünfzig geworden, aber das nasse Wetter lockte mich nicht dorthin. Ich dachte, sie war immer da, wo ich war und das war hier in Hechtsheim. Am nächsten Tag schlenderte ich bei schönerem Wetter am Grabmal von Elfriede Schultheiß vorbei. Mir fiel nichts Ungewöhnliches auf, und ich ging weiter zur Ruhestätte von Rudolf Baum. Ich spielte mit dem Schlüsselanhänger am kleinen Finger und verweilte am Ende des Weges. Hier wartete ich und hoffte, irgendetwas zu entdecken. Eine unglaubliche Ruhe umgab mich, keine Menschenseele war zu sehen. Plötzlich ließ mich ein knisterndes Geräusch, das neben mir aus dem Laub kam, hochschrecken. Schnell und flink umflatterte mich ein ganz winziger Bläuling – Schmetterling, wunderschön anzusehen. Ich hätte gerne ein Foto von ihm gemacht, doch ich konnte ihm nicht schnell genug nachkommen. Er setzte sich auf einen Busch vor dem Grabmal von Rudolf Baum. „Das ist nicht mehr normal", dachte ich, „es gibt so viele Grab- und Ruhestätten, wieso gerade hier?"

Der kleine, hellblaue Schmetterling mit den Lieblingsfarben unserer Mutter Else Baum flog in Richtung Tor zurück. Er zeigte mir die gleichen Grabsteine wie mein Admiral im letzten Jahr. Es kam mir langsam vor wie in einem Kriminalroman: Wer außer meiner Mutter und meiner Iris könnten das alles wissen?

Dieser Sache musste ich wirklich auf den Grund gehen. Mein Schlüsselanhänger brachte mich auf die Idee, ich sollte etwas entschlüsseln. Ja, das war das richtige Wort dafür. Jetzt lockte mich der Schmetterling vor das Friedhofstor. Gerade noch in einem Rosenbusch sitzend, verschwand er blitzschnell hinter einer großen Informationstafel. Er blieb einfach spurlos verschwunden, als wäre er nie da gewesen. Dieser winzige hellblaue Schmetterling verstand es, mich aufzuhalten. So eine ähnliche Situation hatte ich schon im letzten Jahr, als ich mit meiner Enkelin Tamara hier war, erlebt.

Das Gefühl von Gänsehaut wurde immer stärker. Ich trat dicht vor den großen Stein und blickte dahinter in der Hoffnung, ihn dort wieder zu sehen. Doch statt des kleinen blauen Falters saß dort auf einmal mein Admiral in seiner ganzen Pracht, wie im letzten Jahr, als wartete er nur auf mich. Unglaublich, nie hätte ich damit gerechnet. Dieser kleine blaue Falter brachte es fertig, mich an die richtige Stelle zu führen. Sprachlos und glücklich zugleich konnte ich meine Freude kaum unterdrücken. Langsam bewegte ich mich zu ihm vor. Niemals konnte es der gleiche Admiral sein! Ich musste abwarten, wie er sich mir gegenüber verhielt. Ganz behutsam flüsterte ich ihm etwas zu und er krabbelte zutraulich auf meine Hand, als wäre es das Normalste von der Welt. Ich hatte ihn wieder und konnte meiner Iris hier und heute zum einundfünfzigsten Geburtstag gratulieren. Im gleichen Moment flogen kleine weiße Federn um mich herum.

Ich wusste, von wem sie kamen und bedankte mich bei meiner Mutter. Als Zeichen von mir schickte ich ihr ein liebes Lächeln zum Himmel und legte ihr für das heutige zweite Trauerjahr eine schöne Feder auf den Stein mit der Nummer 18. Zu ihren Lebzeiten hatte sie häufig zu mir gesagt, dass ich immer ein Lächeln auf meinen Lippen tragen sollte, dann bekäme ich es dreifach zurück. Wie recht sie damit hatte, würde die Zukunft zeigen.

Mein Buch

Das war eine Geschichte, die ich meinem Chef mitteilen musste. Er war erstaunt und gleichzeitig erfreut über diese gleichen und ähnlichen Begebenheiten, die sich schon im letzten Jahr so zugetragen hatten. Dieses Mal sagte er: „Schreiben sie es auf, Frau Witzig, schreiben Sie!"

Er wusste von meinem langjährigen Wunsch, das gab mir Aufschwung, zumal er an mich glaubte. Während unseres Gesprächs überreichte er mir ein Buch, das seine Schwiegertochter geschrieben hat:

„Nichts als ein Garten" von Anne K.

Davon wusste ich zwar, aber es wurde bisher nicht ausdrücklich darüber gesprochen. Der Professor hielt es jetzt für den richtigen Zeitpunkt, mir dieses Buch seiner Schwiegertochter zu schenken und mir Mut zu machen. Ich freute mich sehr darüber und vor allem, dass ich die Autorin persönlich kannte. Irgendwann würde ich sie wiedersehen und darauf ansprechen.

Jetzt machte ich mir ernsthafte Gedanken, wie ich mein Buch beginne und welchen Titel ich für meine Geschichte wählen sollte. Ich war so aufgeregt und hätte am liebsten alles auf einmal angefangen.

Zuerst musste ich alle Notizen der letzten zwei Jahre zusammenstellen und zurechtlegen. Mein Mann wusste seit langem von meinen Schreibplänen und freute sich mit mir, dass ich nach der langen Trauerzeit endlich wieder eine Aufgabe hatte, die mich glücklich machte und erfüllte. Außerdem fehlte es mir damals noch an genügend Stoff.

Jetzt fasste ich neuen Mut, mich würde niemand stören oder ablenken, dafür konnte mein Mann sehr gut sorgen. Jetzt konnte ich über etwas Nicht-Alltägliches schreiben, über etwas, das noch niemand außer mir erlebt hatte. Die Zeit wird für mich arbeiten, dachte ich und ich hielt weiterhin an meinem Traum fest mit einem Spruch von Marc Twain:

„Trenne dich nie von deinen Illusionen und Träumen: Wenn sie verschwunden sind, wirst du weiter existieren, aber aufgehört haben zu leben."

Am nächsten Tag musste ich unbedingt nachschauen, ob das gestern Erlebte nur eine einmalige Begegnung war. Der Weg zum kleinen Friedhof fiel mir nie schwer, im Gegenteil, er bereitete mir innere Ruhe und Freude. Hier war alles sehr schön mit Blumen angelegt, übersichtlich und friedlich. Auch vor dem Tod meiner Tochter Iris war ich zur Verwunderung meines Mannes gerne hierhergekommen. Ich dachte an die ehemaligen Bekannten und erfreute mich an den Menschen, mit denen ich nette Gespräche führte. So auch im letzten Jahr und vielleicht auch in diesem.

Ich musste mich an die Situation mit meinem neuen Admiral gewöhnen. Heute saß er auch nicht auf dem Stein, aber ich hatte eine Vermutung, wo er sein könnte. Wie im letzten Jahr lief ich das kurze Stück bis zum Ende vor der ersten Kurve. Bis hierher flog er, nie ein Stück weiter. Mich wunderte gar nichts mehr, er saß genau an der gleichen Stelle vor der Ruhestätte Rudolf Baum, wie mein Admiral im letzten Jahr. Wie konnte so etwas möglich sein? Ich war auf ein neues Abenteuer mit meinem Admiral Iris gespannt.

Es war inzwischen mehr Freude als Trauer, die mich erfüllte. Hier hatte ich Iris für mich allein. Er flog auf einen höheren kantigen Stein, der direkt am Ende des Weges stand. Ich legte meine Tasche auf den Rasen, und er überraschte mich mit einer Tanzeinlage. Es schien, als wäre er überglücklich, dass ich ihn gefunden hatte und hergekommen war. Hier tanzte er nur um den Stein und um mich herum. Was für eine Willkommensgeste für mich. Zwei Frauen, die sich näherten, blieben verwundert stehen. Sie amüsierten sich über diese Zutraulichkeit eines Schmetterlings. Beiden erzählte ich etwas von meinen Erlebnissen vom vorigen Jahr. Sie wünschten mir weiterhin viel Glück. Sie wären schon jetzt auf meine Geschichte gespannt, wenn ich sie veröffentlichen würde.

Auf dem Rückweg zum Tor wollte ich überprüfen, ob mir mein Admiral noch folgte. Im Schattenbild erkannte ich, dass er über mir war. Er forderte mich zu einem Versteckspiel auf, ihn zu suchen. Vor dem Tor war er auch nicht, aber irgendwie fühlte ich, dass er in meiner Nähe war. Wieder ging ich zurück zum Grabstein von E. Schultheiß, blieb dort stehen und schaute nach allen Seiten. Vielleicht wollte er mir durch die Versteckspiele ja nur etwas zeigen, dachte ich. Genauso war es. Ich entdeckte ihn, wie er flach auf einem weißen Grabstein saß, der nur zwei Gräber entfernt von Frau E. Schultheiß stand. Diesen Stein hatte ich nie vorher bemerkt. Auf weißem Stein stand mit schwarzer Schrift der Nachname „Dumont“. Bis ich begriffen hatte, was er mir zeigen wollte, blieb er ungewöhnlich lange auf dem Buchstaben M in der Mitte sitzen. Als wollte er mir sagen, Mama schau her, diesen Namen kennst du. Mein Admiral zeigte mir wieder sehr deutlich, was außer meiner Familie nur meine Tochter Iris und ich wissen konnten. Aber ich war alleine hier. Ich konnte niemandem erzählen, wie es in mir aussah, als es mir wie Schuppen von den Augen fiel: Ich habe mit meinem Mann Jürgen in der Dumont-Straße in der Oberstadt gewohnt, bevor wir nach Hechtsheim zogen. Hier lernten wir uns kennen und hatten dort sehr schöne Erinnerungen mit meiner Iris und der Familie.

Ein fröhliches Foto meiner drei Kinder, das vor mir auf meiner Fensterbank stand, erinnerte mich täglich an die Zeit in der Dumont-Straße. Dieser Admiral zeigte mir, dass es meine Iris war, die mich nach fast zwanzig Jahren an die schöne Zeit mit ihr zurückerinnern sollte. Ich stand davor, weinte und konnte es nicht fassen, was ich gerade mit eigenen Augen sah.

Dieses Zeichen von ihr sollte ich erkennen und entschlüsseln, was mir gelungen war. Wie konnte es sein, dass auch im letzten Jahr ein Admiral erschien, der mir Namen und Nummern zeigte, die aus unsere Familie stammten? Ich war überwältigt und froh, dass ich alles in Fotos festhalten konnte und eine unglaubliche Geschichte zu erzählen hatte. Eine Geschichte, die bestimmt mit Abstand die Einzigartigste und Verrückteste ist.

In Gedanken begann Stolz in mir zu wachsen. Die Vorstellung, ein Buch zu schreiben, machte mich stark. Mein Mann tat alles, um mich für einen eigenen Computer vorzubereiten. Er konnte meine Situation mit dem Schmetterling zwar nicht genug einschätzen, dennoch freute er sich, dass ich das Schreiben wirklich ernst nahm und unterstützte dies.

Mein Ring

Auf einer Modeschmuck-Ausstellung entdeckte ich einen originellen Ring, der mich faszinierte. Darauf war eine schwarze kleine stilisierte Billard-Kugel mit einer weißen „8“. Sofort verliebte ich mich in diesen Ring. Bis zur Adventszeit wollte ich ihn noch liegen lassen, es sollte ja eigentlich mein Weihnachtsgeschenk sein.

Ich wollte wissen, welche Rolle diese Kugel auf dem Billardtisch hatte. Für mich war sie sowieso eine ganz besondere Kugel, da sie meine Lieblingszahl 8 trug. „8“ ist unsere Hausnummer. Das Kennzeichen unserer Autos war von der 8 geprägt. Die Nummer von unserem Bootssteg, unsere Wohnung in Laboe hatten die 8, und schließlich wohnte auch mein Sohn Helge in einem Haus mit dieser Zahl. Die 8 war das Symbol für die Unendlichkeit, und vielleicht bedeutete das für mich, dass ich in jedem Jahr wieder einem Schmetterling begegnen sollte: Eine unendliche Geschichte.

Mein Chef war wie immer in guter Laune und lud sich an einem schönen Sonnentag Besuch ein. Auf der Terrasse konnte ich dann acht interessante Menschen mit Kaffee und Kuchen verwöhnen und kennenlernen. Eine Gruppe jüngerer Architekten, die bei ihm studiert hatten, freuten sich auf dieses Wiedersehen nach langer Zeit. Mein Chef genoss dieses Treffen.

Sabine

Mit meiner Tochter Sabine machte ich an einem dieser Sonnentage einen Stadtbummel. Endlich hatten wir beide einmal wieder Zeit für uns. Auf dem Heimweg zu mir fragte ich vorsichtig, ob sie vielleicht doch einmal den Schmetterling sehen möchte? Sie hörte sich zwar immer meine Geschichten an, aber so ganz konnte ich sie noch nicht begeistern. Sie musste sich erst selbst davon überzeugen, deshalb freute ich mich besonders, als sie spontan zusagte. Bei diesem Wetter war ich mir sicher, ihn heute anzutreffen.

Gegenseitig steckten wir uns mit guter Laune an und wünschten den ersehnten Erfolg. Schon ein paar Schritte in Richtung Tor reichten aus, Kontakt mit dem Schmetterling aufzunehmen.

Was jetzt geschah, war für mich absolut unerklärlich. Diesmal kam er direkt auf uns zu. Diese schwungvolle Art, mich und Sabine unmittelbar anzufliegen, war mir neu.

Faszinierend war dabei, dass zwischen dem Admiral und Sabine gleich eine große Schwesternliebe herrschte. Dafür gab es keine Worte, so etwas konnte man nur selbst erleben und glauben. Nach dieser Begrüßung war meine Sabine so heiter und glücklich wie lange nicht mehr.

Wir folgten dem Admiral bis in den Friedhof hinein. Gerade vor uns stand der Stein mit der Nummer 18.

Davor blieben wir stehen. Meine Sabine wusste nur zu genau, was diese Nummer mit ihrer geliebten Oma Else Baum verbindet. Ich betete ganz leise und sagte zum Schmetterling:

„Wenn du meine Iris bist, dann fliege bitte auf die 18, bitte, nur das eine Mal!“

Kaum ausgesprochen, flog er für uns auf den Stein mit der 18. Wir standen beide sprachlos daneben. Schnell wollte Sabine mein Handy haben. Was für ein schlauer Schmetterling er war, dachten wir beide.

Er blieb solange sitzen, bis Sabine ein paar Fotos für meine Geschichte machte. Nie hätte ich mir träumen lassen, was für einen Moment des Glücks er uns heute schenkte, und wie oft hatte ich es mir schon so gewünscht. Zum ersten Mal seit langem sah ich meine Sabine nach dem Tod ihrer Schwester wieder so glücklich. Ihr gefiel dieser wunderschön angelegte, kleine Friedhof. Es ist dann etwas später geworden, gewiss wird meine Sabine sich heute Abend noch viele nette Gedanken machen. Vor allem aber konnte sie sich heute von etwas überzeugen, was nicht in meiner Macht stand, sondern was sie mit eigenen Augen gesehen hatte.

Später sollte sie erfahren, dass sie bei uns an diesem Ort sein möchte. Doch jetzt wollten wir noch sehr viele gesunde und fröhliche Jahre erleben und Gemeinsamkeiten mit unserem Schmetterling Iris haben.

Tagebuch: Fortsetzung

Eine Woche später heiratete mein Enkel Patrick seine Natalie. Obwohl wir alle seine Mutter vermissten, wurde es ein sehr nettes Hochzeitsfest. Sie beide wussten von meinen Schmetterlingserlebnissen und hatten auf die Hochzeitstorte sogar zwei Schokoladenschmetterlinge gesetzt.

Die Servietten waren mit dem Zeichen der Irisblüte verziert. Man spürte überall, dass meine Iris unter uns war. Alles war mit Liebe ausgerichtet und das Brautpaar war glücklich.

Wieder einmal wurde ich mit liebevollen Kleinigkeiten und Geschenken bedacht, die mit einem Schmetterling, einer Irisblüte (Schwertlilie) oder einer Feder verziert waren oder zu tun hatten. Jede dieser kleinen Kostbarkeiten habe ich als Andenken aufgehoben. Danke!

Ähnliche Kleinigkeiten gab es auch im Haus und auf der Terrasse von Frau Iris zu finden. Ein Blick aus dem Küchenfenster zeigte mir in der Blütezeit in jedem Jahr, dass die Dachterrasse mit langstieligen Irisblüten und weißen Schmetterlingen übersät war.

Auch am Bestattungstag hatte uns ihre Schwiegertochter Anne K. („Nichts als ein Garten") eine Irisknolle überreicht, die wir auf ihre kleine Ruhestätte pflanzten. Malerische pastellfarbene Bilder mit der gleichen Blüte entdeckte ich im Schlaf- und Wohnbereich. Warmherzig und liebevoll, wie sie selber war, hatte sie für alles den richtigen Platz gefunden.

Die Erinnerungen an meine Tochter und den Admiral wollte ich eine Weile auf sich beruhen lassen. Im Spätherbst ergab es sich, dass mich Renate, die Tochter meines Mannes, fragte, ob ich sie zu einer Reise nach St. Petersburg begleiten wollte. Ich entschloss ich mich, mitzureisen.

Wir flogen nach Helsinki. Von dort aus ging es mit dem Schiff weiter bis nach St. Petersburg, wo wir beschlossen, alles gemeinsam zu unternehmen. Es war sehr harmonisch, Renate unterstützte mich, da ich in der Hast beim Verlassen der Wohnung meine Brille verlegt hatte und mit einer zu schwachen Ersatzbrille reisen musste.

Es wurde eine schöne und interessante Reise. Dankbar und voller neuer Eindrücke kehrte ich zurück. Vielleicht hätte ich mit meiner richtigen Brille ein weiteres Zeichen entdeckt.

Wieder zu Hause angekommen, fand ich mit einem Handgriff meine lang ersehnte Brille. Jetzt war aber erst mal genug mit Kofferpacken und Reisen. Ich brauchte jetzt Zeit für mich und mein Schreiben. Sehnsüchtig und gespannt war ich auch auf ein Wiedersehen mit meinem Admiral und hoffte auf Wunder, ihn in dieser Jahreszeit noch anzutreffen.

In diesem Oktober feierte der Professor seinen vierundneunzigsten Geburtstag. Nur drei Tage zuvor flog ein Admiral über mich hinweg, als sollte ich ihm Grüße bestellen. Es wäre wohl auch zu viel verlangt, meinen Admiral nochmals an seinem Geburtstag vor seiner Haustür anzutreffen wie im letzten Jahr. Aber ich richtete ihm einen, wenn auch kurzen, Gruß vom Schmetterling aus. Der Professor nahm den Gruß freudig entgegen. Er, meine Familie und meine Freunde waren inzwischen mit meiner

Schmetterlingsgeschichte so vertraut, dass sie die Zeichen selbst erkennen konnten und auf alles geachtet hatten.

Kurz darauf berichtete mir mein Sohn am Telefon, dass direkt vor seiner Haustür ein Admiral saß und ganz zutraulich wirkte. Das musste wohl ein Versehen sein, sagte ich, eigentlich müsste er hier bei meinem Chef sein. Heute wollte dir wohl deine Schwester Iris einen Besuch abstatten, scherzte ich, fand es aber nicht unmöglich, nach allem was ich erlebt hatte. Helge hatte den Weg zu seiner Schwester nur selten gefunden, also kam Iris jetzt zu ihm. Sie liebte ihren Bruder Helge und auch ihre Schwester Sabine. Wie schön, dass mein Sohn und seine Familie auch darauf achteten und an meine Geschichten glaubten. Über diesen Anruf hatte ich mich besonders gefreut, damit hatte ich nicht gerechnet. Schnell überbrachte ich noch pünktlich dieses „Umweg-Geschenk" zu meinem Chef. Er war fröhlich wie immer und hocherfreut über den „Admiralsbesuch" bei meinem Sohn. Hauptsache, der Schmetterling war heute anwesend. Vielleicht hatte sich auch seine Frau Iris heute nur verflogen, scherzte ich.

Wiedersehen mit meinem Admiral Iris

Einige Tage später wollte ich kontrollieren, wie lange es mein Admiral noch in diesem Jahr aushielt. Es wurde beschrieben, dass diese Art Schmetterlinge nur ein halbes Jahr lebensfähig waren. Wetterbedingt lebten sie vielleicht auch länger. Für mich war es immer noch sehr spannend, etwas mehr darüber zu erfahren, etwas, dass vielleicht nicht normal war, genau wie meine Geschichte.

Heute würde ich meinen neuen Ring mit der Billardkugel 8 anziehen, er wird mir Glück bringen, dachte ich. Neugierig ging ich an diesem warmen Tag wieder den kleinen Berg bis zum Tor des Friedhofs hoch. Hier konnte ich bisher fast immer damit rechnen, dass der Admiral in der Nähe sein musste und nur auf mich wartete. Ich drehte mich im Kreise und streckte beide Arme hoch in die Luft. Dann geschah es: Noch ehe ich ihm zuflüstern konnte, kam er aus irgendeiner Ecke, begrüßte mich und flog direkt auf meinen rechten Zeigefinger, auf meinen Ring mit der 8. Ich hatte mir schon viel Glück gewünscht, aber das war eine übergroße Menge Glück. Da war sie wieder, diese Gänsehaut, die mich an meine Iris erinnerte. Ich begann, ihm von der Reise und vom Geburtstag des Professors zu erzählen. Als wäre es das Selbstverständlichste, mir zu zuhören, blieb er vor mir sitzen und lauschte meiner Stimme. Mit dem anderen Zeigefinger nutzte ich die Gelegenheit, ihn ganz zaghaft am Rumpf näher zu kommen und zu kraulen. Ich brauchte eine lange Zeit, um zu erkennen, dass sich ein Schmetterling von mir kraulen ließ, ohne fortzufliegen. Ich genoss diesen Moment, ihn berühren zu dürfen, fand es aber unglaublich.

Wie gerne hätte ich gesehen, dass er vor dem Tor den Baum Nummer 17 anfliegt. Aber vielleicht habe ich in diesem Jahr noch einmal das Glück, ihn dort zu sehen. Nichts hätte ich mir sehnlichster für dieses Jahr als Abschluss meiner Geschichte gewünscht.

Obwohl ich nicht mehr daran glaubte, den Admiral in diesem Jahr noch einmal zu sehen, ging ich Anfang Dezember bei Sonnenschein an unserem zwanzigsten Hochzeitstag erneut zum kleinen Friedhof. Soviel Glück und Gänsehaut, wie ich im Spätherbst erlebt hatte, konnte nicht mehr übertroffen werden. Ich zog meinen Ring mit der Acht auf den rechten Zeigefinger und ging los. Man sah nur ganz wenig Leute oder vielleicht nahm ich sie nicht mehr war. Alles drehte sich nur noch um diesen heutigen siebten Dezember und meinen Schmetterling Iris.

Kaum, dass ich vor dem Tor stand, fiel sein Schatten vor mir auf den Boden. Ich streckte meine Hände aus und brauchte nichts zu tun, als darauf zu warten, dass er auf meine Hand flog. Ich kam mir vor wie eine Schmetterlingsdompteuse. Das im Dezember! Im gleichen Moment bewegte er sich wieder zu meinem Ring, dieses Mal direkt auf die kleine Billardkugel mit der 8, meine Glückszahl. Mit einem kleinen Schubser von mir flog er, ohne dass ich ihm etwas zuflüstern musste, zu diesem sonnenbeschienenen Baum mit der Plakette 17. Sprachlos konnte ich dieses Schauspiel betrachten und mitverfolgen, fast wie in einem Film. Ohne jegliche Ängste, dass er wegfliegt, bat ich ihn, noch etwas zu bleiben. Ich zog mein Handy aus der Hosentasche. Er sonnte sich mit ausgebreiteten Flügeln, und mit Engelszungen flüsterte ich ihm noch ein einziges Mal zu: „Wenn du meine Iris bist, fliegst du bitte, bitte auf die 17!“ Mein Wunsch wurde erhört und eh ich mich versah, krabbelte er direkt auf diese 17. Er ließ sich Zeit, damit ich die schönsten Fotos von ihm machen konnte. Was für ein Jahresabschluss für meine Geschichte.

Was bewegte so einen Schmetterling dazu, meinen Worten zu folgen? Was hatte ich an mir, diesen Admiral dazu zu bringen, Dinge zu tun, die ich mir wünschte? Eine Telepathie zwischen meiner Tochter Iris und mir?

Ich kam auf den Gedanken, seelenverwandt mit einem Schmetterling zu sein, wie manche Asiaten, die in ihrer Kultur an den Schmetterling als Symbol für die Wiedergeburt glaubten. Dies erfuhr ich von einem Ehepaar, die etwas vom Treiben mit mir und dem Admiral miterlebten. Nach unserer Unterhaltung, ließ sich das nette Ehepaar von meinem Admiral Iris ein Stückchen auf den Friedhof begleiten. Erstaunlich, er mochte diese beiden Menschen, was ich bisher nie bei Fremden mit ihm erlebte. Schnell hatte ich einen guten Grund, mich vielleicht für immer von ihm zu trennen. Wer weiß?

Der Schmetterling als Symbol für die Wiedergeburt – das hatte mich sehr berührt und war vielleicht die Erklärung für das von mir Erlebte? Hatte es etwas mit meinem Schlüsselanhänger zu tun?

Tagebuch: Fortsetzung

In diesem Jahr feierten wir Weihnachten bei meinem Sohn Helge und seiner Frau Tanja. Mit meinen Enkeln Leon und Lars, die für fröhliche Abwechslung sorgten, wurde es ein wunderschönes Weihnachtsfest. Sabine, Kai und Sky verbrachten ihre Weihnachtszeit mit einem Urlaub in Thailand. Sie suchten die richtige Wärme und Ruhe zur Erholung. So verliefen die Feiertage für alle mit wenig Stress und Hektik.

Der Sohn meines Chefs hatte wie immer die Aufgabe, den Weihnachtsbaum aufzustellen. Ich schmückte ihn dieses Mal ohne Lametta und wusste, dass sich seine aus Berlin angereisten Kinder und Enkel über Süßigkeiten und selbst gebackene Plätzchen freuten. So gehörte auch ein bunter Teller, den ich mit abwechslungsreichen Leckereien gefüllt hatte, unter den Weihnachtsbaum.

Nach den Feiertagen hatte ich das Bedürfnis, mich zum Jahresabschluss beim lieben Gott und meinen Admiralen zu bedanken. Es war am 27. Dezember. Die Temperatur war ungewöhnlich mild, und vielleicht würde ich auch einmal Hannelore wiedersehen. Sie hatte von Anfang an die Schmetterlingsgeschichte miterlebt und mich von Zeit zu Zeit erinnert, dass mein Admiral vor dem Tor auf mich wartete.

Zu meinem Erstaunen empfingen mich statt Hannelore gleich drei Admirale in bester Laune, als wollten sie mir ein gutes Neues Jahr wünschen. Seltsamerweise begegnete mir zum ersten Mal eine junge Dame, die das Grab von Rudolf Baum pflegte. Hier hatte alles im letzten Jahr angefangen und meine Geschichte begonnen.

Wie schön, wir begrüßten uns beide mit „Frau Baum" und versprachen, uns im neuen Jahr hier wiederzutreffen. Sie wollte mehr über meine Geschichte erfahren, die ich kurz angesprochen hatte.

Am Ausgang erwartete mich zum letzten Mal in diesem Jahr

mein Admiral Iris. Er flog auf meine Hand, als wollte er sich von mir verabschieden. Gerührt von so vielen Emotionen und unvorstellbaren Begegnungen, kullerten mir ein paar Tränen über die Wangen.

Das Jahr 2016

Wir begrüßten das neue Jahr in Laboe. Hier hatte ich endlich Zeit, das Buch von Anne K. zu lesen: „Nichts als ein Garten".

In diesem Jahr würden so einige runde Geburtstage gefeiert werden: Unser Enkel Sky wurde 10 Jahre alt, gefolgt von Patrick, meinen ältesten Enkel mit 30 Jahren, Sabine wurde 50.

Mein Mann und ich wurden in diesem Jahr 70 Jahre alt! Wir hatten beide den Wunsch, unsere beiden Familien zu diesem besonderen Fest einzuladen. Wir würden einen Ort suchen, an dem wir alle feiern und übernachten und unseren Gästen die Schönheiten unserer Heimat am Rhein zeigen konnten.

Im Hause meines Chefs hatte sich im neuen Jahr nichts verändert. Alles lief seinen gewohnten Gang, und ich war glücklich, dass ich ihn weiterhin betreuen durfte. In diesem Jahr würde er 95 Jahre alt werden, er feierte also auch einen ganz besonderen Geburtstag. Bis zum Oktober war es zum Glück noch eine Weile hin, trotzdem machte er sich, wie wir, Gedanken. Wie mein Mann plante er immer vorausschauend und, wenn sich Änderungen ergaben, zog er, wie mein Mann, seine Pläne angepasst und zielstrebig durch.

Ende April ließ ich mich von der frischen Frühlingsluft inspirieren, um vor die Haustür zu gehen. Aus alter Gewohnheit nahm ich den Weg zu meinem kleinen Friedhof. Die Erinnerungen der letzten beiden Jahre blieben für mich unvergesslich. In keiner Weise hätte ich auch in diesem Jahr an eine neue Begegnung mit einem Admiral gedacht. Ich war eigentlich glücklich, mein schönstes Erlebnis vom letzten Jahr als ein glückliches Ende meiner Geschichte zu sehen.

Vor zwei Jahren saß mein Admiral zum ersten Mal auf dem grauen Stein vor dem Tor. Im nächsten Jahr lag auf der gleichen Stelle ein silberner Schlüsselanhänger. Was, bitteschön, sollte mich in diesem Jahr, noch überraschen?

Am Eingangstor angekommen, blickte ich wirklich neugierig

auf die gleiche Stelle, den grauen Stein, an dem alles begann. Zu meinem Erstaunen lag darauf eine Haselnuss. Ich wies also dieser Haselnuss die Bedeutung als drittes Zeichen für mich zu. In diesem Jahr erkannte ich sehr schnell, worauf ich achten musste. Eigentlich war es ganz einfach: Ich sollte diese Haselnuss wie ein Rätsel knacken. In den letzten zwei Jahren hatte ich so vieles entdecken und entschlüsseln müssen, da würde ich doch diese neue Herausforderung gerne annehmen. Ich war gespannt und nahm meine Haselnuss mit nach Hause. Seitdem trug ich sie in meiner Jackentasche und hütete sie wie meinen eigenen Augapfel.

Zu Hause bei meinem Chef

Es war im Wonnemonat Mai. Sechs Jahre war es nun her, dass ich hier im Haus des Professors anfing. Wir dachten wie immer an seine Frau Iris, die jetzt ihren 85. Geburtstag feiern könnte. In diesem Jahr wären es mit seinem 95. Geburtstag zwei besondere Tage im Hause des Professors.

Mein Chef zog sich eine Wunde an der Nase zu und merkte nicht, dass diese immer größer wurde. Er machte sich nicht viele Gedanken darüber, er war ziemlich hart im Nehmen. Ein Arzt in seiner Skatrunde mahnte ihn, dass er sich in Behandlung begeben sollte. Erst jetzt nahm er diesen Rat an.

Zu gerne hatte er sich den ersten heißen Sonnenstrahlen ausgesetzt, wovon ich ihm oft abgeraten hatte. Ein Klinikaufenthalt würde jetzt wichtig für ihn sein und ich hoffte auf recht baldige Heilung. Bisher hatte er nie über Beschwerden geklagt, auch jetzt nicht. Jedes Mal war ich froh darüber, dass er fast alle Termine noch mit seinem Elektromobil selbst erledigte, so auch die Fahrt zur Klinik.

Nach seiner Operation sollte er noch eine Nacht in der Klinik bleiben. Ich besuchte ihn und war angenehm überrascht, wie er zwar fröhlich wirkte, aber sich in diesem kleinen Zimmer eingeengt vorkam. Er hatte recht, hier würde ich mich auch nicht wohlfühlen.

Ich verabschiedete mich und fuhr nochmals in seine Wohnung. Kurz darauf ließ er mich am Telefon wissen, dass er bereits entlassen war und ich brauchte mir keine Sorgen machen. Heimlich hatte er eine Gelegenheit genutzt, unbemerkt mit seinem Elektro-Mobil nach Hause zu fahren. Was für ein Schelm er doch war! Wie schön, dachte ich und wartete noch solange, bis er Zuhause ankam.

Einer, der nie aufgab und sein Leben aktiv lebte. Ich dagegen musste mir meine kleineren Gebrechen eingestehen. Obwohl ich versuchte, einiges durch meine Fröhlichkeit zu überspielen, entging meinem Chef nicht, wenn es mir schlecht ging. Wir kannten uns lange genug, um zu wissen was dem ein oder anderen fehlte, es wurde nur selten darüber gesprochen, und das war gut so. Jeder versuchte, so gut er konnte, den anderen aufzumuntern.

Ein weiteres Wiedersehen mit meinem Admiral

Am nächsten Tag zog es mich wieder nach draußen zum kleinen Friedhof. Dieses Mal hatte ich meinen Ring mit der Billardkugel auf dem linken Zeigefinger und meine Haselnuss in der rechten Jackentasche. Ich war neugierig, ob sich in diesem dritten Jahr Ähnliches abspielt. Vielleicht war es für Schmetterlinge noch viel zu früh. Das Wetter war schön und ich wollte mein Glück probieren. Aller guten Dinge sind drei, daran glaubte ich einfach.

Es war keine Menschenseele zu sehen, ich war allein mit meiner Haselnuss in der Jackentasche, meinen Ring mit der 8 und in Gedanken, ob ich heute meinem Admiral begegnen würde. Wie schön, denn nur so konnte ich meinen Gefühlen freien Lauf lassen. Ich stand vor dem Tor und merkte erst jetzt, dass es noch geschlossen war. Darüber machte ich mir keine Gedanken. Für mich spielte sich zunächst alles vor dem Tor ab und solange wollte ich erst abwarten, ob sich etwas bewegte. Ich nahm meine Haltung vom letzten Jahr ein, flüsterte den Namen meiner Tochter

„Admiral Iris“, als sich ganz spontan ein Schatten vor mir auf dem Boden zeigte. Vom Gefühl hatte ich wieder diese Ahnung, dass meine Iris in der Nähe ist. Ganz automatisch streckte ich den linken Arm hoch. Unmittelbar darauf steuerte der Admiral auf meine Hand, direkt auf den Zeigefinger mit der Billardkugel.

Erschrocken sah ich, dass sein rechter Unterflügel fehlte und er aufgeregt war. Unruhig streckte er seine Fühler aus, was ich noch nie so aus der Nähe beobachten konnte. Mit ganz leisen Worten versuchte ich, ihn zu beruhigen. Zaghaft rollte er diese kleinen Fühler wie eine Schnecke wieder ein und wurde ganz ruhig. Er blieb einfach nur auf meinem Ring sitzen, als wollte er bei mir bleiben. Ich wurde traurig und konnte meine Tränen nicht zurückhalten. Ganz anders als sonst wurde ich von meinen Gefühlen überwältigt. War es vielleicht doch meine Iris, die am rechten Flügel verletzt war und mir eine Botschaft überbringen wollte? Vielleicht wollte sie mir sagen, dass ich jetzt alles gesehen und erlebt hatte, um meine Geschichte zu Ende zu schreiben. Oder auch, dass sie kraftlos war und ihre Seele Ruhe brauchte. Mir fiel wieder die Geschichte vom Schmetterling als Symbol für die Wiedergeburt ein. Das war es für mich jetzt: das Zeichen der Wiedergeburt. Ich war mir sicher, dass diese traurige Begegnung nur vorübergehend war. Bald kam der Sommer, der bestimmt schönere Erlebnisse brachte. Ich würde auf Zeichen achten und abwarten, um das Geheimnis der Haselnuss zu lüften.

Ein Herr, der auf mich zukam, störte unsere Ruhe und so auch meinen Admiral. Nach einem kurzen Gespräch lächelte er mir zu und sagte, „Ein Schmetterling sitzt auf ihrem Rücken!“ Ich bedankte mich bei ihm und ließ mich auf meinem weiteren Weg ein Stückchen vom Admiral begleiten. Was für ein Tag mit einer dieses Mal eher traurigen Begegnung mit einem verletzten Admiral.

Ich warf nochmals einen Blick auf das geschlossene Tor und erschrak, als sich eine große, hässliche, fette Krähe auf das Tor setzte und wie ein Wächter darauf hin und herging. Mit ihrem scharfen Blick schaute sie mich an, als dürfte niemand mehr den

Friedhof betreten. Ihr Anblick wirkte unheimlich und bedrohlich auf mich. Erst der verletzte Schmetterling und jetzt dieser schwarze, hässliche Wächter.

Ab dieser Zeit beobachtete ich, dass bei meinen weiteren Besuchen kein Admiral mehr weit und breit zu sehen war. Ich dachte jedoch, dass in den wärmeren Monaten wieder alles wird gut würde.

Ein neues Erlebnis

Seit Jahren träumte mein Mann von einer Seereise zum Nordkap. Er ist ein viel gereister Mensch und ständig auf der Suche nach etwas Besonderem. Zu meinem siebzigsten Geburtstag wäre doch diese Traumreise genau das richtige. Lange Zeit hatte er alles geplant und vorbereitet. Als Segler liebte er das Meer und die See, sowie immer neue Herausforderungen, die ihm viel Freude bereiteten. Ihm war zwar bekannt, dass ich lieber an Land als auf einem Schiff Urlaub machen würde, deshalb plante er genügend Landausflüge ein, um mir die Reise so schmackhaft wie möglich zu machen. Ich wünschte mir ein kleineres Schiff von den Hurtigruten, weil ich erfahrungsgemäß auf einem großen Schiff mehrfach die Orientierung verloren hatte und so auch die Lust an Seereisen. Jetzt wollte er mir alles so passend und schön gestalten, dass auch ich wieder Freude an der Seefahrt bekam.

Bis zur Abreise war noch gut eine Woche Zeit, aber nur noch zwei Tage bis zum fünfzigsten Geburtstag meiner Tochter Sabine. Zum Glück konnte ich ihr noch vor unserer Seereise gratulieren.

Anfang Juli war das Wetter außerordentlich schön. Am Vormittag besuchte ich die anonyme Wiese in Mombach. Ähnlich wie in Hechtsheim, fielen mir mal wieder die beiden Steine mit der Nummer siebzehn und achtzehn auf. Ständig hatte ich ein Gefühl, dass meine Iris nicht hier ist. Hier steht nur ein Kirschbaum mit einer grünen Plakette, und meinem Geburtsdatum 14.7.

Kurz darauf begab ich mich zum Friedhof nach Hechtsheim, um zu sehen, ob mein Admiral wieder erschien. Seit April war ich ihm nicht mehr begegnet. Und tatsächlich war er wieder da, strotzend vor Gesundheit. Er flog direkt auf meine Hand, zutraulich wie in den anderen Jahren.

Seit dem letzten Jahr hatte kein Admiral mehr die bekannten Stellen angeflogen. Ich war gespannt auf etwas Neues. Mit meiner Vermutung hatte ich recht, der Admiral lockte mich auf eine andere Fährte: Gegenüber, auf einem mit ganz wunderschönen

Blumen bepflanztem Grab, blieb er am Anfang längere Zeit sitzen. Das gab mir Zeit und Gelegenheit, ihn zu fotografieren und auf den Namen des Grabsteins zu blicken. In großen Buchstaben stand dort der Nachname von Iris' Schwester Sabine: „Köhler". Was mein Admiral damit bezweckte, wurde mir sofort klar: Iris war schlau, ich war sprachlos wie nie. Heute wurde ihre Schwester Sabine fünfzig Jahre alt! Als hätte er die gleichen Gedanken wie ich: Schau her, Mama, ich denke an meine Schwester und diese Blumen sind für sie.

Vor Rührung, und Sehnsucht nach meiner Iris weinte ich und wünschte mir nichts sehnlicher, als dass sie wieder bei uns wäre. Gleich nach diesen so emotionalen Momenten lockte er mich immer näher auf die andere Seite des Wegs. Er führte mich durch einen Busch und tatsächlich zu dem Stein mit ihrem Nachnamen Barth. Normalerweise kam mein Schmetterling nie zum zweiten oder dritten Mal an die Stelle, die ich kannte. Noch ahnte ich nicht, was sich dort gleich abspielen würde. Er ließ sich oben auf der Kante vom Stein nieder und wartete, als wollte er etwas herbeizaubern. Gleich darauf geschah etwas so Seltsames, was mir den Atem stocken ließ: In Sekundenschnelle tauchte ein großer Schwarm von Admiralen direkt in Augenhöhe vor mir auf. Abwechselnd reihten sie sich von einer Seite zur anderen, als tanzten sie einen Reigen. Kaum konnte ich das, was hier gerade passierte, glauben. Es ging so schnell, dass ich nicht mal ansatzweise dazu kam, diese Tanzeinlage der Admirale auf meinem Fotoapparat festzuhalten.

Innerhalb von Sekunden war ich einem Schauspiel ausgesetzt und freute mich, am richtigen Tag und zur richtigen Zeit hier zu sein. Heute war ein besonderer Tag: Heute wurde meine Tochter Sabine fünfzig Jahr alt. Ich hätte schwören können, dass es mindestens fünfzig Admirale waren und die Tanzeinlage dem Geburtstag meiner Sabine galt. Für mich war dies ein Geschenk von Iris an ihre Schwester!

Mich konnte so leicht nichts erschüttern, aber es musste etwas zwischen Himmel und Erde geben, was niemand erklären konnte. In der ganzen Zeit hatte ich gelernt und beobachtet, wie sich mein Admiral verhielt und brauchte nicht lange dafür, das umzusetzen, was er meinte.

Blitzschnell löste sich der Schwarm auf. Nur ein Admiral, der sich in meiner Nähe aufhielt, blieb zurück. Er saß genau da, wo er vor dem Tanz der Admirale auch war, auf dem Stein mit seinem Nachnamen „Barth". Ich konnte mir außer meiner Iris keinen anderen Admiral vorstellen, der mir ebenfalls etwas zeigte, was nur für meine Augen bestimmt war. Um das herauszufinden, begann ich wieder zu flüstern: „Wenn du wirklich meine Iris bist, flieg bitte auf deinen Nachnamen Barth. Bitte, bitte noch das eine Mal!" Als hätte er alles, aber auch alles, genau verstanden, umschwirrte er plötzlich den Stein und flog direkt auf den Namen „Barth". Zwischen den Buchstaben T und H ließ er sich nieder. Die wunderschönen Farben seiner Flügel erhellten sogar diesen grauen Stein, und die Sonne strahlte, als hätte man sie für dieses Erlebnis bestellt. Er wirkte wie ein Model, ließ sich von allen Seiten fotografieren und bewundern, als wollte er sagen, „Hallo Mama, ich bin deine Iris…". Was konnte es noch Schöneres geben?

Wieviel Freude hatte mir mein Schmetterling Iris in diesen drei Jahren schon gebracht! Ich war so stolz auf meine heutigen Erlebnisse, die bestimmt noch niemand so hautnah wie ich erlebt hatte. Welch ein wertvolles Geschenk an ihre Schwester Sabine, dass ich diese schöne Geschichte an ihrem fünfzigsten Geburtstag überbringen durfte!

Mir fiel eine Karte mit dem Bild eines Schmetterlings ein, die Sabine mir in diesem Jahr mit den Worten, „Du bist jetzt meine Schmetterlingsflüsterin!" zum Muttertag schenkte. Wie recht sie doch hatte. Heute noch, im dritten Jahr, wende ich dieses leise Zuflüstern an, bisher hat es fast immer gewirkt.

Ein Herr, der das Grab gegenüber pflegte, hat das Schauspiel mit angesehen. Er war von alledem fasziniert und beeindruckt. „Hier gibt es bestimmt einige Schmetterlinge", sagte er, aber so ein Schauspiel habe er im Leben noch nicht gesehen. Meine Geschichte interessierte ihn, deshalb nahm er sich noch Zeit, um mit mir einige nachweisbare Stellen anzusehen, die der Admiral mit mir und für mich angeflogen hatte. Fassungslos wollte der Herr nun sehr schnell nach Hause, um seiner Frau darüber zu berichten.

In diesen drei Jahren geschah es häufig, dass Menschen, die mich mit meinem Admiral beobachtet hatten, Interesse zeigten. Oft sprachen sie mich an, ob es etwas Neues zu berichten gäbe. Dann erzählte ich ihnen ganz stolz, dass ich ein Buch über diese ungewöhnlichen Erlebnisse schreiben möchte. Gerne hörte ich, wenn diese Menschen an mich und meine Geschichte glaubten, da sie teilweise vieles mit mir gesehen und erlebt hatten. Sie machten mir Mut zum Schreiben und wünschten mir Glück. Viele darunter werden sich in diesem Buch an mich und meinen Schmetterling erinnern.

Auch „Herr A.", ein langjähriger Freund des Professors, unterhielt sich gerne mit mir über Begegnungen, die für manche Menschen ungewöhnlich waren, und über die sie sich selten öffneten und sie verschwiegen. Er erzählte mir einige fast unglaubwürdige Geschichten, die ich wiederum nicht erlebt hatte, aber ich glaubte ihm. Wie gut, dass sich Menschen begegnen, die Ähnliches und auch Schlimmeres erlebt hatten und sich darüber austauschen konnten.

Das Schönste war doch, dass die Menschen hier auf dem kleinen Friedhof in Hechtsheim eine große Rolle spielten. Ohne sie würde sehr viel in meiner Geschichte fehlen. Vielen Dank dafür, dass Sie an mich geglaubt haben!

Sabine fühlte sich an ihrem Ehrentag nicht besonders wohl, ich wollte sie mit meiner wunderbaren Geschichte von heute aufmuntern, ein Geschenk, das ihr ihre Schwester Iris schickte. Sabine hörte mir jetzt aufmerksam zu. Wie angenehm das für mich war, brauche ich niemanden erzählen. Alles, was von ihrer großen Schwester kam, berührte sie.

Spontan fiel mir eine ähnliche Geschichte vom Oktober 2014 ein. Ich konnte meinem Chef ein ebensolches, schöne Geschenk zum Geburtstag machen. Nie werde ich dieses Erlebnis vergessen, als ein Admiral vor seinem Haus auf der Hecke saß und er ihn mit Freude betrachtete.

Einen Tag später traf sich Sabine mit ihrer Tochter Angelina bei mir. Wir wollten Sabines Geburtstag nachfeiern. Bei einem Eisbecher mit allem, was dazu gehörte, verwöhnte ich die beiden. „Heute ist wieder schönes Wetter“, sagte ich, „bestimmt wird sich mein Admiral Iris für uns zeigen.“ Ich hoffte so auf ein Wiedersehen mit ihm, zumal ich endlich meine Tochter und Enkelin mit dabeihatte.

Angelina

Angelina hatte zu ihrer Tante Iris eine besondere Beziehung und einige Ähnlichkeiten mit ihr, die sie gerade jetzt beschäftigten. Es lagen seit Anfang des Jahres auch auf ihr sehr große Schatten, da es sich herausgestellt hatte, dass sie, ebenso wie Iris, an einer starken Depression litt. Auf meine Frage hin, ob ich über ihre Geschichte schreiben darf, antwortete sie mit ihrer wohltuenden Offenheit: „Aber Oma, deine Geschichte wäre ja nicht vollständig ohne meine, und ich möchte, dass du sie erzählst!"

Wie viele Menschen berichteten über ihr Schicksal, daher war es gut, wenn man heute darüber redete. Hut ab vor der Courage meiner Enkeltochter Angelina! In solchen Momenten konnte man die Tränen nicht mehr aufhalten. Das hatte ich nicht erwartet, ich war stolz, dass Angelina sich und anderen Menschen Mut machte, mit ihrer Krankheit umzugehen und darüber zu reden.

Ihre Schulabschlüsse waren immer sehr gut. Nach ihrer Ausbildung zur Apotheken-Fachkraft mit drei Jahren Lehrzeit machte sie eine weitere Lehre als Fachverkäuferin im Tierhandel. Es waren zwar nicht ihre Traumberufe, aber was sie anpackte, führte sie bis zum Ende durch. Ihr Wille nicht nur gut, sondern sehr gut zu sein, spornte sie immer mehr an. Was ich wirklich an ihr schätze: Sie war in allem offen, wissbegierig, fleißig, zuverlässig, ausdauernd, hilfsbereit, und ein ganz fröhlicher liebenswerter Mensch. Das war meine Angelina.

Vor einigen Jahren merkten wir jedoch, dass sie sich stark verändert hatte. Sie wechselte sehr oft ihre Arbeitsplätze, um sich neu zu orientieren. Ihr Wissensdurst war unermüdlich. Sie lernte in unterschiedlichsten Berufen. Das war harte Arbeit, zugleich kostete es aber auch viel Kraft. Es fiel ihrer Mutter, später auch mir auf, dass Angelina immer kraftloser wurde wie der Schmetterling.

Sie schämte sich davor, Fehler zu machen, es war ihr peinlich und für sie nicht akzeptabel. Nie hatte sie über Urlaub geredet, obwohl sie ihn ganz nötig gebraucht hätte. Keinem konnte sie erklären, was wirklich mit ihr los war. Wenn ich sie manchmal von der Arbeit abholte, sah ich, wie traurig und hilflos sie wirkte. Auch hatte ich sie nie so weinen gesehen. Sie zog sich von uns allen zurück. Es tat ihr jedoch gut, wenn ich von Zeit zu Zeit für sie da sein konnte. „Alles wird gut, mein Schatz, ich werde beten und meine Engel sind ja auch noch da!" Daran glaube ich. Hatte der verletzte Schmetterling etwas mit dieser Botschaft zu tun? Und spielte hier meine Haselnuss eine Rolle?

Dass Angelina schon seit längerem in psychiatrischer Behandlung war, verschwieg sie uns. Niemanden wollte sie mit ihren Problemen belasten. Besonders nicht ihre Mutter Sabine. Diese hatte noch genug mit dem Verlust ihrer Schwester Iris zu tun, die ganz ähnliche Probleme und Symptome hatte. Heute können wir jedoch wir über alles sehr offen reden, das ist gut so. Angelina nimmt heute jede Hilfe an und ist guter Dinge.

Sie hatte es nicht weit bis nach Mombach. Hier auf der anonymen Wiese besuchte sie ihre Tante Iris, Hier war sie allein mit ihr, und wer könnte ihr jetzt besser zu hören als Iris. Nur sie konnte Angelina wirklich verstehen. Ich war glücklich, dass sie sich mit ihrer Tante immer sehr gut verstanden und einen Platz in ihrer Nähe gefunden hat, an dem sie ihr Herz ausschütten konnte.

Fortsetzung: Tagebuch

Heute wollten wir drei Frauen etwas Schönes erleben und fröhlich sein. Bei diesem Wetter hatte ich große Hoffnung, dass wir unserem Admiral begegneten. Das Schicksal meinte es besonders gut mit uns: Mit einer kleinen Berganstrengung hatten wir es bis vor dem Friedhofstor geschafft. Jetzt täte uns nochmals ein großer Eisbecher gut, sagten wir einstimmig, doch die Freude, wie wir vom Schmetterling empfangen wurden, ließ uns alles vergessen: Die Emotionen, die dieser kleine Admiral in uns auslöste, war ein Geschenk des Himmels! Verrückt, aber wahr, kam er uns flatterhaft vor Freude, entgegen, dass wir wirklich glaubten, unsere Iris ist bei uns. Meine Gefühle zu ihm waren unverändert, Er war es, mein Admiral Iris!

Zuerst zeigte ich den beiden die Grabstätte „Köhler" mit dem schönen, blumenbepflanzten Beet. Danach die Stelle, an dem mir der Tanz der Admirale vorgeführt wurde. Wir merkten, dass er ständig in unserer Nähe war. Bevor wir uns dem Stein Barth näherten, saß er schon am Boden vor der Grabstelle. Angelina kniete sich nieder und streichelte sanft über seine Flügel, was er sich gerne gefallen ließ.

Was sollten wir drei dazu sagen? So etwas gibt es nur im Film, dachte ich, oder noch besser, man sollte diese Geschichte verfilmen. Meine Sabine überzeugte sich selbst von dieser unglaublichen Zutraulichkeit und war ebenfalls überwältigt von dieser Überraschung und der ganz besonderen Begegnung mit unserem Schmetterling Iris. Vergnügt und zufrieden, gingen wir, ein Stückchen in Begleitung unseres Schmetterlings, nach Hause.

Selbst nach diesem großen Erlebnis hatte ich immer noch das Gefühl, dass meine Geschichte noch nicht zu Ende war.

Norwegen

Ich hatte noch ein paar Tage Zeit zum Koffer packen, bald sollte unsere Traumreise losgehen. Vorher musste ich mich aber noch um meinen Professor kümmern. So lange hatte ich ihn noch nie alleine gelassen, zum Glück war sein Sohn Ralf zur Stelle. Ein vertrauter Händedruck machte mir den Abschied etwas leichter. „Tschüss bis bald, und passen Sie gut auf sich auf!“ sagte ich, und seine schönen, wasserblauen Augen glänzten und verrieten mir, dass er mir das Gleiche wünschte. Ich drehte mich zu ihm um, umarmte ihn und drückte ihm einfach einen Kuss auf die Wange. Jetzt ging es mir schon viel besser, und außerdem konnten wir telefonieren, tröstete ich mich.

Von allen Reisen war es wirklich die Schönste, die mein Mann und ich erleben durften. Alles war so eindrucksvoll, was mich rundherum vieles vergessen ließ, wie es mir mein Mann versprochen hatte.

Nach sieben Tagen hatten wir 2500 Kilometer hinter uns. Pünktlich am 14. Juli waren wir bei Kälte und Sturm glücklich aus dem Bus am Nordkap ausgestiegen. Es ergab sich, dass wir einem weiteren Geburtstagskind hier oben am Nordkap begegneten. Später auf dem Schiff konnten wir dann zusammen mit einem Gläschen darauf anstoßen. So lernten wir dieses Ehepaar aus München auf der Rückfahrt näher kennen. Dabei erfuhren wir, dass wir in Bergen unbedingt den sehenswerten Fischmarkt besuchen sollten.

Eine Woche später legte unser Schiff wieder in Bergen an. Nach der Ankunft wurde uns ein Hotel direkt am Hafen zugewiesen. Als ich den Namen des Hotels las, wurde ich von Freude überwältigt. In großer schwarzer Schrift stand dort „Hotel Admiral“. Wieso hieß es gerade Admiral? Mein Mann gönnte mir diesen Glücksmoment. „Wieder ein Zeichen“, dachte ich. Vielleicht war es ein verspäteter Glückwunsch aus Mainz, von meinem Admiral Iris?

Überall wurde ich an etwas von ihr erinnert, hier fiel mir der Satz ein, den Iris mir so manches Mal gesagt hatte: „Mama, lebe!". Wer würde mich hier verstehen und mir das glauben? Ich war so begeistert und neugierig, was mich in diesem Hotel noch erwartete.

Als wir unser Zimmer betraten, strahlten uns bunte Farben entgegen. Schwere, kostbare Gardinen umrahmten die hohen Fenster. Auf dem Bett lagen so viele wertvolle und abwechslungsreiche, farbenfrohe Kissen. Es war wie in einem Märchen. Mir tat es leid, dieses Bild von Tausend und einer Nacht zerstören zu müssen. Das Bett war so dick und hoch, dass ich dachte, die Prinzessin auf der Erbse zu sein. Von hier aus konnten wir bei herrlichem Sonnenschein einen wunderbaren Blick auf die Altstadt und den Hafen von Bergen werfen.

Ich wollte nur noch dem lieben Gott danken und bitten, dass der Traum noch recht lange anhalten würde. Diese einzigartige Seereise, verbunden mit diesem Hotel „Admiral", war ein Traum für mich. „Diese Überraschung ist dir aber wirklich gelungen" sagte ich scherzhaft zu meinem Mann. Ich würde wetten, er hätte dieses Hotel, wenn er es im Voraus gewusst hätte, wirklich für mich gebucht. Deshalb möchte ich mich noch einmal bei ihm für diese schöne Reise mit allen Erlebnissen und gewaltigen Eindrücken, meinem Geburtstagsgeschenk, bedanken!

Wir besuchten die Sehenswürdigkeiten von Bergen und verabschiedeten uns am nächsten Morgen bei schönstem Sommerwetter auf der Terrasse vor dem Hotel Admiral von einem Ehepaar, das wir auf der Reise kennengelernt hatten. Wir tauschten unsere Erfahrungen aus und schwärmten ausgiebig von unseren Reiseerlebnissen

In diesem Moment tauchte vor mir ein echter Schmetterling Admiral auf und flatterte in Augenhöhe an mir vorbei. „Habt ihr auch diesen Schmetterling gesehen?“ fragte ich. Sie nickten mir zu, als wäre es das Selbstverständlichste auf der Welt. Uns blieb keine Zeit, darüber nachzudenken oder zu reden.

Gerade hier hatte ich einen Admiral vor unserem Hotel Admiral vorbeifliegen sehen! Hier in Bergen, im hohen Norden, wo ganz selten die Sonne scheint und es nicht oft so warm war wie heute. Hier, wo es unruhig und sehr laut war mit Reisebussen, Touristen, Autos, Schiffen, hier störte es keinen Admiral? Wie sonderbar war diese Begegnung hier?

Wieder einmal bemerkte ich, dass nur ein einziger Admiral zu sehen war. Ich war froh über dieses unbeschreibliche Glück hier in Norwegen. Jedes Mal flog er eine bestimmte Stelle an, wie heute. Durch dieses Hotel Admiral sollte ich mein nachträgliches Geburtstagsgeschenk und seine Grüße an mich erkennen und in Erinnerung behalten. Hallo Mama, am Nordkap war es mir leider zu kalt …

Ich drehte mich um und warf noch einen Blick zurück, dorthin, wo ich gerade noch gesessen hatte. So plötzlich, wie er gekommen war, war der Admiral wieder verschwunden, als sei er nie da gewesen. Eine weiße Feder flatterte an meinem Stuhl vorbei, vom Wind getrieben. In Gedanken bei meiner Mutter und mit einem Lächeln auf den Lippen, leicht wie eine Feder zu sein, verabschiedete ich mich von der schönen Stadt Bergen.

Noch während des Fluges schwelgte ich in einer anderen Welt und wollte meine Begegnung mit meinem Admiral weiter auskosten. Ein Geschenk meiner Tochter Iris. Ein Märchen nur für mich? Kein Märchen, alles hatte sich so zugetragen.

Zu Hause angekommen, erwartete mich nachträglich eine schöne Geburtstagsüberraschung. Sabine hatte die Wohnung mit Papierschlangen und Blumen geschmückt. Auf dem Tisch stand ein großer Korb mit 70 bunten Rosen und ausgefallenen Geschenken. In der Küche war ein sehr appetitliches Abendbrot vorbereitet, das wir mit Genuss zu uns nahmen. Was für ein liebevoller Geburtstagsgruß und gleichzeitig fröhlicher Start in den Alltag!

Ich hatte so viele schöne Erinnerungen aus Norwegen mit nach Hause genommen und wollte sie so schnell wie möglich allen erzählen. Mein Chef freute sich besonders, dass ich wieder für ihn da und wartete gespannt auf meinen Bericht. Wie immer fand er alles interessant, was mit Reisen zu tun hatte und so gehörte natürlich auch mein total verrücktes Erlebnis aus Bergen dazu.

Ende der Geschichte?

Das musste ich als mögliches Ende meiner Geschichte schnell zu Papier bringen, damit ich es als Manuskript noch rechtzeitig meinem Chef zu seinem 95. Geburtstag überreichen konnte. Ein Geschenk, worüber er sich wirklich sehr freuen würde. Angetan von meinen Erzählungen, hatte er bereits früher mit den Worten gedrängelt: „Na, wie lange dauert es denn noch?" Ich hatte noch zwei Monate Zeit, um herauszufinden, ob dieses Erlebnis in Bergen, wirklich das Ende meiner Geschichte sein sollte.

Es gab Tage oder auch Wochen, an denen man keinen einzigen Satz zu Papier bringt. Da hilft nur Ablenkung, mal wieder auf Entdeckungsspaziergänge zu gehen oder Fahrrad zu fahren.

Meine Erlebnisse vom April gingen mir nicht aus dem Sinn. Als ich meine Hände von mir streckte und nach meinem Schmetterling Ausschau hielt, ein Admiral aus heiterem Himmel erschien und verletzt auf meinen Ring mit der 8 flog, das war geradezu sehr ungewöhnlich. Danach sah ich die dicke hässliche, schwarze Krähe, die auf dem geschlossenen Friedhofstor hin und her lief. Sollte das etwa eine traurige Botschaft sein? Zu gut konnte ich mich auf meine Gefühle und die von meinem Schmetterling verlassen. „Achte auf Zeichen", sagte ich mir, ich musste nur die Augen aufmachen und auch die kleinen Dinge wahrnehmen. Mein Wille, an das Schöne zu glauben, war stark genug. Deshalb war ich immer froh, wenn es uns allen gut ging, besonders meiner Angelina und dem Professor.

Ende August hatte mein Chef wieder einmal einen Termin in der Uni-Klinik. Bei meinem Besuch dort teilte er mir mit, dass er in drei Wochen noch einmal in die Klinik zu einer weiteren Operation musste. Sein trauriger Blick verriet mir, dass es ihm nicht behagte, darüber zu reden, jedenfalls könnte er zunächst etwas früher als geplant nach Hause. Ich versuchte, ihn mit dem Gedanken an die Planung seiner Feier zum 95. Geburtstag abzulenken.

Seine Antwort, die ich nicht von ihm gewohnt war, gab mir

Rätsel auf. „Vielleicht feiere ich gar nicht oder nur in ganz kleinem Rahmen zu Hause“, sagte er zögerlich. Unser Gespräch wurde immer ruhiger und es war gut, dass im gleichen Moment sein Abendbrot kam. Ich sah, wie lieblos sein Essen aussah und dass er sich auf zu Hause freute, wo ich ihn verwöhnen konnte. Gemeinsam freuten wir uns auf die Zeit, an dem er wieder in alter Frische zu Haus sein konnte.

Überraschenderweise saß er am nächsten Morgen bereits wieder freudestrahlend und aktiv wie immer an seinem Schreibtisch. So gefiel er mir, und er fragte mich wieder einmal, wie weit ich mit meinem Buch sei. „Ich werde mich bemühen, es so schnell wie möglich fertig zu stellen.“ antwortete ich.

Mit dem Gartenschlauch goss ich noch die Blumen auf der Terrasse. Ich sah einen wunderschönen Regenbogen und zur gleichen Zeit viele weiße Schmetterlinge, die aus einem Fliederbusch huschten. Das konnte nur ein gutes Zeichen sein, was ich noch schnell meinem Professor zur Aufheiterung erzählen musste.

Die Geschichte geht doch weiter

Nach einer längeren Auszeit und bei noch warmen Septemberwetter zog es mich abermals zum kleinen Friedhof. Noch in Gedanken, wie schön es in unserem Urlaub war, und mich in Bergen/Norwegen sogar ein Admiral nachträglich zu meinem Geburtstag überrascht hatte, wäre das eigentlich ein gutes Ende meiner Geschichte gewesen. Alles sollte sich jedoch schlagartig ändern.

Angekommen vor dem Tor, bemerkte ich eine kleine Unruhe in mir. Kein Admiral begrüßte mich wie sonst, das machte mich doch etwas traurig. Ich wollte aber nichts unversucht lassen und streckte nach alter Gewohnheit meine Hände von mir, um meinen Admiral etwas zuzuflüstern. Es war unheimlich still um mich, und mein Admiral blieb weg.

Auf dem Friedhof lief ich die Strecken ab, die er sonst in all den drei Jahren angeflogen war. Auch hier zeigte sich kein einziger Schmetterling. Ich bekam leichtes Herzklopfen. Auf einmal wollte ich es nicht wahrhaben, dass meine Geschichte zu Ende sein sollte und lief zurück vor das Tor. Gänsehaut, das war immer ein Zeichen, dass er in meiner Nähe war, aber wo? Ich schaute hinter die Orientierungstafel, dort stand eine Eibe, in der er oft saß, vielleicht saß er auch vor mir am Boden oder an der Eingangstür zum Friedhof.

Nichts war zu entdecken, bis ich hinter den beiden länglichen, großen Steinen nachsah. Endlich hatte ich den Admiral gefunden, er sah aus, als hielt er ein Mittagsschläfchen. Die Sonne strahlte wieder einmal die Farbenpracht in seinen Flügeln an, und ich beugte mich vorsichtig zu ihm runter. Das trockene Gras um ihn ließ mich erkennen, dass mit ihm etwas nicht stimmte. Mit einem Grashalm versuchte ich ihn zu berühren und musste feststellen, dass er leblos vor mir lag. An ein solches Ende hätte ich in meiner Geschichte nicht geglaubt, aber warum sollte ich nochmals hierherkommen? Ich hob ein grünes Blatt auf und legte meinen Admiral vorsichtig darauf. Er war von der Sonne ganz ausgetrocknet und steif. Ich konnte es einfach nicht übers Herz bringen, ihn hier zurückzulassen. Als Erinnerung für die schönen Erlebnisse ging ich mit ihm an die Stellen, die er mir gezeigt hatte. Behutsam legte ich ihn überall dort hin und machte Erinnerungsfotos.

Spontan blieb ich mit meinem Admiral vor dem großen Baum mit der Plakette 18 stehen. Davor stand auch der kleine Stein mit der gleichen Nummer. Ich dachte an meine Mutter und fragte mich leise, was ich mit meinem Admiral machen sollte. Gleichzeitig sah ich auch, dass dieses Blatt von diesem Baum stammte, an dem mein Admiral lag. In den Sekunden danach spielte sich etwas Traumhaftes vor diesem Baum und meinen Augen ab: Eine kleine weiße Federwolke kam auf mich zu, als würde meine Mutter sie aus ihrer Hand zu mir pusten. Ein neues Zeichen für mich von meiner Mutter. Ich bedankte mich bei ihr und wusste in diesem Moment, was ich tun sollte. Es waren ganz junge und weiche Federn, die ich aufhob und damit meinen Admiral zudeckte. Die Worte, „Leicht wie eine Feder" verursachten Emotionen und Gefühlsausbrüche jeder Art in mir und brachten mich zum Weinen. Danke Mama.

Ein wertvoller Schatz in meiner Hand

Erst jetzt kam mir die Idee, dass ich alle Gegenstände, die ich auf dem Stein gefunden hatte, zu Hause aufbewahrte. Es war mein Admiral, der noch fehlte, den ich heute zu meinem Schlüsselanhänger und der Haselnuss legen würde. Zufall? Nein, alles hatte sich so zugetragen. Vielleicht war dieser tote Schmetterling gar nicht mein Admiral Iris, sondern nur das dritte Symbol für meine Geschichte? Hatte ich diese Haselnuss geknackt?

Ich hatte eine Kristallschale mit einem Glasdeckel Zuhause. Da hinein wollte ich meinen Admiral legen. Er lag in meiner linken Hand auf dem Blatt, umgeben von weißen kleinen Federn. Vor mir stand das Foto mit meinen drei Kindern aus der Dumont-Straße, und davor lag der Lederschmetterling, den ich gefunden hatte. Bevor ich noch die Glasschale öffnete, löste sich eine der kleinen weißen Federn vom Admiral und setzte sich auf diesen Lederschmetterling vor dem Bild meiner drei Kinder. Bis heute hängt sie daran, ohne dass ich etwas dazu beigetragen hätte.

Alle diese unglaublichen Ereignisse und Erlebnisse habe ich in Fotos festgehalten. Seltsam ist nur, dass an meinem Admiral aus Leder die Feder am rechten unteren Flügel hängen bleibt, und mein verstorbener Admiral am rechten unteren Flügel verletzt war. Mich erinnerte es an die erste Begegnung im April mit einem verletzten Admiral, der auch am rechten Unterflügel verletzt war. Drei verletzte Admirale mit der gleichen Verletzung, das ist schon sehr seltsam.

Sky und Iris

Der September schenkte uns noch viele warme Sommertage. Die Wahrscheinlichkeit, bei weiteren Besuchen unseren Admiral Iris zu sehen, war groß. Selbst mein Chef ertappte sich dabei, nach Schmetterlingen Ausschau zu halten, und er machte mich darauf aufmerksam, wenn er auf seiner Terrasse einen oder mehrere weiße Schmetterlinge sah. Das war für mich ein sehr gutes Zeichen, auch wenn kein Admiral dabei war.

An einem dieser Tage sollte mein Enkel Sky nach längerer Zeit einmal wieder bei uns übernachten. Ich freute mich auf seine Späßchen und die gute Laune, die er stets mitbrachte. Bei Oma Heidi und Opa Jürgen ließ er es sich gerne gut gehen. Hier konnte er mit Opa Schach spielen, was er mit seinen neun Jahren gut und schnell gelernt hatte. Auch meine Iris liebte ihren Neffen. Liebevoll fertigte sie ihm noch vor seiner Einschulung einen großen Stundenplan an, der noch heute, nach drei Jahren, über seinem Schreibtisch hängt, mit einem Foto von seiner Tante Iris.

Es war bereits eine Weile her, dass Sky mit mir das letzte Mal meinen Admiral erlebte. Wir beide fanden die Idee gut, mal wieder nach einem Schmetterling Ausschau zu halten. Ich hoffte so sehr, meinen Admiral vom Juli noch anzutreffen.

Wir machten uns auf den Weg zum kleinen Friedhof. Schon vor dem Tor zeigte sich ein Admiral, als hätte er uns erwartet. Er schien sich wirklich darüber zu freuen, uns hier auf seine Art und Weise zu überraschen. Ganz zutraulich begleitete er uns durch das Tor, als wäre es das Selbstverständlichste von der Welt, und er hatte sich etwas Fröhliches ausgedacht: Er flog auf den Kopf der Marienstatue, die dicht neben dem Stein mit der Aufschrift „Barth“ steht.

„Das kann nur meine Iris sein“, sagte ich zu Sky, der dieses Schauspiel sehr lustig fand. Ich wollte sicher sein, und flüsterte dem Admiral zu: „Wenn du meine Iris bist, dann fliegst du auf den Stein „Barth.“ Das tat er dann auch.

Sky durfte ihn mit dem Zeigefinger und einer Feder berühren, was sich unser Admiral sehr gerne gefallen ließ. Wir machten eindrucksvolle Fotos und dachten uns immer neue Ziele aus, die er anflog. Der Falter fand offensichtlich Freude daran, immer wieder in der Nähe von Sky zu sein und ihn spielerisch zu necken. Für mich war dies einmal mehr das Zeichen der Liebe meiner Iris zu den Kindern ihrer Schwester. Ich war glücklich, dass unser Admiral Iris wieder bei uns war. Die Freude darüber konnte ich heute mit Sky ganz alleine teilen. Wir sprachen noch lange an diesem Nachmittag über den Spaß mit unserem Schmetterling Iris.

Vorbereitungen für unser Familienfest

Für die Feier meines siebzigsten Geburtstages und den meines Mannes planten wir ein Familienfest. Dafür hatten wir etwas ganz Besonderes gefunden: die Elsenburg über Kaub am Rhein. Eine große Herberge, in der wir alle Platz hätten und einen wunderschönen Blick auf den Rhein mit der Insel Pfalz- Grafenstein. Elsen–Burg: Da drängte sich mir unmittelbar wieder der Gedanke an meine Mutter Else auf. Sie wäre sicherlich gerne dabei gewesen, „leicht, wie eine Feder“...

Mein Ehrgeiz, dort alles farblich und passend zu gestalten, war geweckt. Da war ich in meinem Element. Sabine machte mir Vorschläge zur Dekoration des Raumes, in dem das Fest stattfinden sollte. Sie sprach mit mir über fünf bis sechs Kienäpfel, die als Tischschmuck dienen sollten. Auch sollten fünf bis sechs mit Sand gefüllte Weckgläser mit je einer grünen Kerze und einer grünen Abschlusskordel dazugestellt werden. Sie wollte mit ihrem Sky weiterhin Dekorationsmaterial, welches der Herbst zu bieten hatte, in der Natur sammeln,.

Auch ich ging hinaus, um die benötigten Kienäpfel (Kiefernzapfen) zu suchen. Selbstverständlich dachte ich auch an einen Rundgang über den Berg zu meinem Admiral.

So hielt ich einmal mehr nach ihm Ausschau und wurde nicht enttäuscht: Auf einem auffällig hellgelben Lindenblatt ließ er sich direkt vor meinen Füßen nieder. In voller Pose genoss er noch die warmen Sonnenstrahlen. Ich staunte nicht schlecht, mit welcher Gelassenheit ich Fotos von ihm machen durfte, als wäre es völlig normal, als Schmetterling Modell zu stehen.

Was ich jedoch anschließend mit ihm erlebte, wird mir wohl niemand mehr glauben: Während ich noch fotografierte, bemerkte ich, wie er auf die obere linke Kante des Friedhofstores flog. Dort blieb er so lange sitzen, bis ich mich ihm näherte und ihm etwas zuflüsterte. Er wurde unruhig, so als hätte er etwas vor, auf das ich mich konzentrieren sollte. Plötzlich drehte er eine Runde, schoss an mir vorbei durch das Tor und schwirrte scharf nach links um die Ecke. Ich reagierte sofort und folgte ihm. Bisher hatten wir beide noch nie das Vergnügen, uns auf dieser linken Seite zu treffen.

Zunächst musste ich ihn ein wenig suchen, aber ich fand nur einen zweiten Stein mit der Zahl 17, der von der Sonne angestrahlt wurde. Um ihn herum auf dem mit Moos bedeckten Boden lagen Kienäpfel. Ein Aufschrei der Freude und Verwunderung entfuhr mir. Vor mir lagen tatsächlich, wie gemalt und frisch hingelegt, fünf gleichmäßig gewachsene Kienäpfel. Das konnte doch nicht wahr sein, sie lagen dicht und wunderschön im Sonnenlicht nebeneinander. Ich glaubte, zu träumen. Von keinem Baum, von keinem Ast konnten diese Kienäpfel so dicht nebeneinander auf einen kleinen Fleck gefallen sein. Wo war mein Admiral geblieben?

Weit und breit war niemand zu sehen, und niemand außer mir und meiner Tochter Sabine hätte gewusst, dass ich fünf bis sechs Kienäpfel benötigte. Mittlerweile würde ich es aber meiner Iris zutrauen, dass sie mir in Gestalt eines Admirals diesen Streich spielte. Ich suchte nach der Kiefer, von der diese Früchte stammen könnte. Nur ein großer Baum stand in der Nähe. Um ihn richtig zu sehen, musste ich wieder vor das Tor gehen. Dort erblickte ich eine riesengroße Kiefer, aber wie sollten denn aus dieser unglaublichen Höhe fünf gleichmäßige Kienäpfel fallen und dicht neben einander landen? Weder mein Admiral noch ein weiterer Kienapfel waren zu sehen. Ich ging zurück, um Fotos von diesem malerischen Stillleben zu machen.

Liebevoll sammelte ich die Früchte auf und suchte nach Erklärungen. „Iris, Schmetterling, was machst du mit mir?“ rief ich leise. Mit meiner Handvoll geschenkter Kienäpfel ging ich zum Tor zurück. Da saß mein Admiral vor mir am Boden, ich beugte mich herunter zu ihm, so dicht ich konnte. Ich flüsterte: „Wenn du meine Iris bist, dann wüsstest du auch, dass deine Schwester von sechs Kienäpfeln redete!“

Bei diesem Wunsch musste ich über mich selbst schmunzeln, da die Annahme, dass gleich noch ein weiterer Kiefernzapfen daliegen würde, ziemlich verrückt war. Ich musste mir das Lachen verkneifen. Wie gut, dass zu dieser Zeit niemand in meiner Nähe war.

Blitzartig flog der Schmetterling abermals auf den linken Torpfosten, damit ich ihn beobachten sollte, drehte wieder eine Runde um mich und flog dann, wie vorhin, scharf nach links.

Jetzt reagierte ich schneller und lief sofort an die gleiche Stelle. Wieder war kein Admiral in Sicht, aber es lag jetzt hier, wie von Geisterhand platziert, der gewünschte sechste Kienapfel. Genau so schön wie die anderen fünf lag er vor mir im Sonnenlicht. Mir fehlten zum ersten Mal so richtig die Worte. Es war alles so unglaublich, dass es selbst mir langsam unheimlich wurde.

Gerade jetzt erfüllte mich eine unbeschreibliche Wärme in Gedanken an meine Tochter, die zu Lebzeiten immer umsichtig, schnell und hellhörig war. Insbesondere wenn es darum ging, wenn ich etwas verlegt oder vergessen hatte. Ihre fröhliche Neugier war nicht immer zielführend, hatte mir aber oft geholfen.

Die Sonne schien an diesem Nachmittag noch, so hoffte ich meinen Schmetterling noch einmal zum Abschied zu sehen. Er saß wieder vor dem Tor, umgeben von goldbunten Blättern, als würden sie sich den Farben seiner Flügel anpassen wollen.

Wie freute ich mich und sagte laut: „Das hast du aber besonders gut hinbekommen, meine Iris!“ Stolz zeigte ich ihr diese sechs Kienäpfel.

Ja, ich redete mal wieder mit einem Schmetterling, wie es andere Menschen mit einem geliebten Haustier tun. Ich wollte vor Freude meine Tochter in den Arm nehmen und mich für dieses unglaubliche Geschenk bei ihr bedanken.

Zuerst hielt ich dem Admiral meine Hand entgegen, beugte mich zu ihm hinunter und streckte ihm dann meinen Ringfinger mit der kleinen Acht auf der Billardkugel entgegen.

Als hätte er nur darauf gewartet, mir ganz nahe zu sein, krabbelte er auf meinen Zeigefinger und auf die kleine Billardkugel. In aller Ruhe konnte ich mich mit ihm noch ganz leise unterhalten. Er war eben ein ganz besonderer Schmetterling, meine Iris.

Alfred und Ingrid

Die Zeit für unser Familienfest rückte immer näher. Anfang Oktober würde mein Professor seinen Geburtstag feiern. Seinen Wunsch, bis dahin mein Buch fertig zu haben, würde ich ihm leider nicht erfüllen können, da noch zu viele weitere Ereignisse eingetreten waren, die aufgeschrieben werden mussten.

Ich war froh, es bis hier geschafft zu haben und hoffte für meine Geschichte und meinen Professor, ein wirklich gutes Happy End zu finden. Meine Gedanken kehrten oft zu meiner gefundenen Haselnuss zurück und mein Gefühl sagte mir, dass dies bisher noch nicht alles war.

Am Anfang meines Berichtes schrieb ich über meinen Cousin Alfred und seine Frau Ingrid. Alfred starb im August 2010, und die Frau meines Chefs, Iris, starb im März des gleichen Jahres. Leider war der Kontakt zu meiner Kusine Ingrid nach dem Tod von Alfred aus unerfindlichen Gründen eingeschlafen.

Mittlerweile waren seitdem sechs Jahre vergangen. Zu unserem Familienfest hatte ich Ingrid eingeladen. Wir hatten uns immer gut verstanden, und jetzt gab es so vieles zu berichten über unsere Trauer und über meine besonderen Schmetterlings-Erlebnisse. Alles hatte im Februar 2010 mit ihrem Anruf angefangen und mit meinem Arbeitsbeginn im Hause des Professors.

Vor dem Fest nutzte ich noch jeden wärmeren Tag aus, um meinen Admiral und die Namenstafeln meiner anderen Bekannten zu besuchen. Eines Tages wirbelte mir ein kräftiger Windstoß Laub ins Gesicht. Wie Schmetterlinge kamen mir die Blätter entgegen und flogen um mich herum. Leider war kein Admiral weit und breit zu sehen. So genoss ich es nach meiner Arbeit, bei diesem Spaziergang frische Luft zu tanken. Wie sehr erhoffte ich mir nochmals eine Begegnung mit meinem Admiral, denn um diese Zeit könnte es mit den Schmetterlingen bald zu Ende sein. Über jedes noch so kurze Wiedersehen wäre ich sehr dankbar.

Einmal wieder stand ich vor dieser für mich schönsten Stelle, die ich in diesen drei Jahren besuchte: Dem Stein mit dem Nachnamen meiner Iris: Hier hatte ich die meisten Erlebnisse mit meinem Schmetterling. Hier erlebte ich mit Angelina, Sabine, Tamara und Sky hautnahe Berührungen, die einzigartig waren und die ich niemals mehr vergessen werde.

In frischer Herbstluft und in Gedanken vertieft, berührte mich etwas, was für mich nicht unbehaglich war. Eine Ahnung ließ mich nach rechts schauen, und so konnte ich meinen Schmetterling gerade noch am Ende des Weges erkennen. Er wollte wieder einmal Aufmerksamkeit erregen, damit ich ihm folgte. An dieser schattigen und kühlen Stelle hatte er sich noch nie gezeigt, wie sehr ich es mir auch gewünscht hätte. Doch in diesem letzten Abschnitt des Jahres hatte die Herbstsonne dafür gesorgt, dass der Iris-Schmetterling mich für einen Moment hierhergelockt hatte, damit ich für meine Geschichte eine neue Entdeckung machen konnte.

Warum geschieht dies erst jetzt? Ausgerechnet, als ich mit Kusine Ingrid nach sechs Jahren wieder Kontakt aufgenommen habe? Es gab keine Zufälle: Meine Iris hatte jetzt dafür gesorgt, mich zur letzten Ruhestätte von Alfred und Else zu führen und zu zeigen, dass sie unmittelbar gegenüber der der Ruhestätte von R. Baum liegt. Hier begann meine Geschichte mit meinem Admiral, ganz deutlich kristallisierte sich jetzt ein für mich begreiflicher Zusammenhang heraus: Mein Mädchenname Baum, der Name meines Cousins Alfred und meiner Mutter Else. Bei ihr stimmte sogar das Geburtsdatum: 22.02.1920. Alles war erstaunlich gleich, sogar das Sterbejahr 2013.

Vor zwei Jahren besuchte ich diese Grabstätte zum ersten Mal. Ich freute mich, jemand persönlichen kennenzulernen, dem diese Angehörigen nahe waren. Eine freundliche Dame kam schnell ins Gespräch mit mir. Wir tauschten gegenseitige Erlebnisse aus. Alfred und Else waren ihre Eltern, nur hätte sie einen weiteren Weg bis hier her und könnte nicht so oft zur Grabpflege kommen. Ich versprach ihr, nach den Blumen zu schauen. Irgendwann würden wir uns hier wiedersehen. Gegenseitig stellten wir uns noch mit unseren Namen vor. Froh über unsere neue Bekanntschaft sagte sie: „Ich bin die Ingrid." „Wie merkwürdig", sagte ich, „Ingrid?" „Sie heißen genauso wie die Frau meines Cousins Alfred. Das ist schon sehr eigenartig und witzig. Heidi Witzig ist mein Name." Wir mussten beide lachen.

Auf einmal fiel es mir wie Schuppen von den Augen. Else – Alfred – Ingrid. Alles ergab plötzlich einen Sinn. Mir ist als wäre diese ganze Geschichte ein Puzzlespiel, das sich nach und nach zusammenfügte. Wieder Zufälle, die keine sind?

Die Haselnüsse

Überall lagen an dieser Ruhestätte Haselnüsse. Ein riesiger Haselnussbaum, den ich vorher nie bemerkt hatte, stand gleich daneben. In diesem dritten Jahr lag eine Haselnuss vor dem Eingangstor auf dem grauen Stein. Sollte ich jetzt die Haselnuss für das Ende meiner Geschichte im wahrsten Sinne des Wortes geknackt haben? Fast täglich trug ich sie in meiner Jackentasche und hoffte bisher auf eine Erklärung.

Ein Zeichen meines Schmetterlings Iris führte mich zu dieser Stelle, die sie sich für mich und meine Geschichte bis zu Ende aufgehoben hatte. Danach hatte ich meinen Admiral länger nicht gesehen. Ich spürte, dass sich etwas verändern würde. Iris hatte in diesen drei Jahren alles gegeben, um mich glücklich zu machen. Sie zeigte und führte mich von Anfang bis zum Ende meiner Geschichte überall dorthin, was nur für mich bestimmt war und nur sie wissen konnte.

Hier begann meine Geschichte mit einem Schmetterling. Ich gab ihm den Namen meiner Tochter „Iris". Vier wunderbare Menschen sind von uns gegangen, die mir zu meinem Buch verholfen haben. Heute sollte ich das letzte Zeichen von Iris bekommen.

Begegnungen unverhoffter Art

Kurz bevor der Septembermonat zu Ende ging, besuchte ich noch einmal die Ruhestätten meiner Tochter Iris und von Frau Iris K. auf der anonymen Wiese in Mainz Mombach. An einem warmen Tag füllte ich eine Kanne mit Wasser, um den Kirschbaum zu gießen. Dort entdeckte ich, dass sich die Baumplakette verändert hatte. Sie war jetzt viel größer und auffälliger als vorher. „Oh wie schön", sagte ich, „jetzt kann ich mein Geburtsdatum 14.7. noch schneller und besser lesen."

Seit langer Zeit hatte ich einen sehnlichen Wunsch: Überall begegnete mir im Laufe der Zeit ein Admiral, nur hier auf der anonymen Wiese war bis heute kein einziger Schmetterling zu sehen. Ich redete mit meiner Tochter und betete, dass sie überall dort war, wo ich bin, und vielleicht wird eines Tages auch hier ein Admiral auftauchen. Warum nicht hier, wo zwei Menschen, die Iris heißen, ruhten? Das wäre in diesem Jahr das größte Geschenk für meine Geschichte.

Mit diesen Gedanken verließ ich die anonyme Wiese und spazierte zu der großen Bank, die mein Chef für die Allgemeinheit gestiftet hatte. Hier verweilte ich und konnte die Ruhestätte von Frau Iris sowie diese ganze Wiese, bis hin zu meiner Iris, sehr gut überblicken.

Von hier aus ging ich nochmals an der Namenstafel meiner Iris vorbei und sah zu meiner Verwunderung, dass ein weißer Schmetterling mich auf etwas aufmerksam machen wollte. Er umschwirrte mich so lange, bis ich noch einmal zu dem Kirschbaum meiner Tochter ging.

Ich traute meinen Augen nicht: Wie gemalt, saßen zwei Admirale nebeneinander, direkt unter diesem Kirschbaum. Das gibt es einfach nicht, dachte ich. Eben war es noch ein langersehnter Wunsch von mir, und nun sitzen zwei Admirale, wie von Zauberhand versetzt, vor diesem Baum, als gäbe es eine Telepathie zwischen Mensch und Tier.

Nichts ist unmöglich, das musste ich in diesen drei Jahren miterleben. Schnell zog ich mein Handy aus der Tasche, um dieses einzigartige Bild fest zu halten.

Spurlos entfernte sich ein Admiral von hier und der andere blieb sanft und ruhig vor mir sitzen.

Gänsehaut! Ein gutes Zeichen, dass es sich vielleicht um meinen Admiral Iris handelte? Durch leises Zuflüstern würde sich meine Vermutung bestätigen:

„Wenn du meine Iris bist, dann bleibe bitte solange sitzen, bis ich dich fotografiert habe!“

Ja, er blieb solange sitzen und es gelangen mir Fotos, die ich glücklicherweise von ihm machen durfte. Wie vom Erdboden verschluckt, war er kurz darauf so flink verschwunden, als wäre er nie hier gewesen. Schnell schaute ich mich nach allen Seiten um, ob irgendetwas Auffälliges zu sehen war, doch weit und breit war kein einziger Schmetterling mehr zu entdecken. Ich setzte mich für eine Weile auf die Bank, um alle bisherigen schönen Erlebnisse in Ruhe zu verarbeiten.

Am 30. September 2016 hatte ich die allerletzte Begegnung mit meinem Schmetterling. Die Sonne strahlte vom Himmel und trotz vieler Menschen störte es den Admiral nicht, hier aufzutauchen. In der Sonne leuchteten die Flügel meiner Iris in allen Farben. Es war so, als wäre es der Tag ihrer eigenen Trauerfeier gewesen, deshalb genoss ich jede Minute unseres gemeinsamen Daseins. Er kam auf meine Hand und fühlte sich wieder auf der kleinen Billardkugel mit der 8 sehr wohl, schaute mich an und lauschte, was ich ihm zuflüsterte. Meine Augen füllten sich mit

Tränen und ich fragte ob sie glücklich sei. Mit einem Tanz zu dritt über mir zeigte sie mir mit zwei anderen Admiralen, dass sie glücklich ist. Seit 2014 erlebte ich diese kleine Vorstellung nur dann, wenn er auf meinem Zeigefinger gesessen hatte, mir zuhörte und ich ihm zuflüsterte, ob sie glücklich sei.

Der 95. Geburtstag

Noch war dieses Jahr nicht zu Ende und der Geburtstag meines Professors stand als Nächstes auf dem Programm. Nur noch fünf Tage bis zum großen Ereignis. Ich freute mich, dass er sich gesundheitlich etwas besser fühlte und alles für sein Fest arrangiert hatte. Ich bewunderte immer wieder seine Vitalität und Kreativität, Altes in Neues umzuwandeln. Er hatte so viele Ideen, sein Büro und sein Haus umzugestalten, was ihm auch in kürzester Zeit mit Hilfe seines Sohnes Ralf gelungen war. Große Erinnerungsfotos schmückten eine Wand über seinem Schreibtisch, und endlich bekam auch das eingerahmte Bild seiner Frau Iris einen Ehrenplatz. Hier sollte sie am besonderen Geburtstag ihres Mannes mit ihren drei Söhnen, Freunden und Gästen unter uns sein.

Sechs Jahre waren seit ihrem Versterben vergangen. Ich sorgte immer für frische Blumen vor ihrem Bild und setzte mich oft daneben ins Wohnzimmer. Hier konnte ich ab und zu mit ihr alleine sein und mit ihr reden. Ich bedankte mich bei ihr für meinen guten Arbeitsplatz, und dass es schön gewesen wäre, wenn sie meine Tochter Iris kennengelernt hätte. Bestimmt waren sie sich jetzt im Himmel begegnet und schauten auf uns herunter; oder waren es sogar die beiden Schmetterlinge, die Iris hießen und der dritte ist vielleicht der Schmetterling Else, meine Mutter? Eigentlich war bei Mutter Else immer eine Feder im Spiel.

Alle drei hatten mir immer wieder gezeigt, dass sie glücklich waren, indem sie über mir unter freien Himmel vor dem Friedhofstor in Hechtsheim tanzten. Zweimal Iris und eine Else? Ja, das ergab einen neuen Sinn für meine Geschichte. Ich hatte jetzt viele Haselnüsse gefunden, und vielleicht sollte ich noch eine weitere Nuss knacken.

In dem großen Haus spüre ich bis heute die Wärme und Nähe dieser Frau des Professors. Ich dachte an die kurze Zeit mit ihr zurück. Was hatte ich bisher hier alles erlebt! Gemeinsam konnte ich mit dem Professor Freud und Leid teilen. Wir mussten den gleichen Weg gehen und die beiden Iris auf der gleichen Wiese in Mombach besuchen. Ich erlebte unglaubliche Parallelen, die sich hier wiederholten. Auch hier schloss sich ein Kreis meiner wahrheitsgemäßen, unglaublichen Geschichte.

An seinem 95. Geburtstag erlebte der Professor eine besondere Geburtstagsüberraschung: Alle drei Söhne waren zur Gratulation gekommen. Mit seinen drei Söhnen hatten wir alles gut vorbereitet. Es sollte ein Frühstücksbrunch geben. Dazu gehörten Sekt, Orangensaft, große Salzbrezeln mit Mainzer Spundekäs, einer wohlschmeckenden Mainzer Spezialität.

Nach und nach trudelten Freunde, Nachbarn, Bekannte und der Pfarrer der Luthergemeinde ein, den ich bereits auf der Trauerfeier von Frau Iris kennenlernen konnte. Ich freute mich, auch ihn, dieses Mal zu einem fröhlichen Anlass, wiederzusehen.

Eine besondere Atmosphäre breitete sich im Raum aus, als wäre Frau Iris anwesend. Ich stand gegenüber von ihrem Foto, und es schien, als lächelte sie mir zu. Spontan hatte ich das Bedürfnis, den Anwesenden etwas mitzuteilen. Ich begann, meine Glückwünsche an meinem Professor mit einem Vierzeiler, den ich noch rechtzeitig gedichtet hatte.

Mit diesem Auftakt versetzte ich offensichtlich alle Anwesenden in fröhliche Laune. Rasch verging mein Lampenfieber. Ich wollte einfach etwas erzählen, was keiner seiner Kinder und Freunde wusste.

Gespannt hörten mir alle zu und ließen sich nicht durch neue Gäste abhalten, weiter zuzuhören. Ich erwähnte sogar einige Zeilen aus meiner Geschichte, was alle interessierte. Die meisten Gäste waren mir in den letzten sechs Jahren bekannt geworden und ans Herz gewachsen.

Mit den Worten „hier begann alles“ erzählte ich ein paar liebenswerte Anekdoten, die ich noch mit Frau Iris erlebt hatte: So kannten, liebten und vermissten sie alle ihre Iris. Ich hatte das Gefühl, dass ich die richtigen Worte gewählt hatte. Alle freuten sich und bedankten sich bei mir. Mein Chef und seine Söhne waren beeindruckt und angenehm überrascht, da sie mich so noch nicht kannten. Ich war sehr erleichtert, vielleicht hatte ich etwas getan, was allen Anwesenden sehr guttat.

Wie gerne hätte ich ihm zu seinem besonderen Geburtstag stolz mein erstes Buch überreicht. Aber es fehlte noch etwas; für mich war dieser Tag mit meinem Professor noch nicht das endgültige Ende meiner Geschichte.

Zwei 70. Geburtstage

Unsere eigene Familienfeier rückte immer näher. Wir und unsere Gäste freuten uns auf dieses Wochenenderlebnis auf der Elsenburg über Kaub am Rhein. Es sollte zum ersten Mal ein gesamtes Zusammentreffen unserer beiden Familien sein. Ich packte alle Utensilien für die Dekoration der Tische und der Räumlichkeit ein. Wie geplant, hielt ich mich an diese sechs Weckgläser, gefüllt mit Sand, den ich noch von Laboe hatte. Da hinein stellte ich jeweils eine grüne Kerze und schmückte das Glas von außen mit einer grünen, geflochtenen Kordel. Ich hatte mich nach der Farbe der Gardinen gerichtet und konnte somit alles passend einkaufen und dekorieren. Was ich nicht vergessen durfte, waren die sechs wichtigsten Kienäpfel von meinem Admiral Iris! Ein Schmunzeln konnte ich mir nicht verkneifen.

Wir freuten uns auf die ersten Familienangehörigen, die bereits am Vortage aus München kamen, und mit denen wir einen harmonischen ersten Nachmittag und Abend verbrachten. Meine Schwägerin Elisabeth half mir, die Tische einzudecken. Sie freute sich mit mir, dass ich alles im gleichen Farbton ausgesucht hatte. Sogar die Stühle waren in diesem Grün gepolstert. Wir stellten die hübschen Weckgläser auf die sechs Tische. Jetzt fehlte nur noch die herbstliche Dekoration auf den Tischen. Dazu gehörten Eicheln und die durch ein Zeichen des Schmetterlings gefundenen Haselnüsse und die besonderen sechs Kienäpfel. Dabei konnte ich meiner Schwägerin die Geschichte von den Haselnüssen und den Kienäpfeln erzählen. Sie hörte mir interessiert zu und wollte etwas mehr darüber wissen. Sie bedauerte, dass sie meine Iris leider nicht mehr kennenlernen konnte.

Am nächsten Tag trudelte nach und nach die Großfamilie auf der Elsenburg ein. Jeder bezog seine Unterkunft. Danach fanden wir uns alle an der Anlegestelle vor dem Blücherdenkmal ein. Von hier aus ging unsere Schifffahrt an der Loreley vorbei nach St. Goarshausen und zurück. Auf dem Schiff konnten sich die Gäste mit Kaffee und Kuchen verwöhnen lassen. Selbst der Herrgott schickte uns an diesem Nachmittag ein paar herbstliche Sonnenstrahlen.

Bisher hatte ich in diesem Jahr immer ein Zeichen von meinem Schmetterling bekommen. Egal, wo ich war, im Urlaub, auf Fahrradtouren, im Biergarten, oder auch in unserem Garten. Es war immer nur ein einziger Admiral, der sich in meiner Nähe zeigte und kurz aufhielt. Selbst ein Boot mit dem Namen „Admiral", das ich bei einer Radtour um den Chiemsee entdeckte, erinnerte mich an meinen Schmetterling.

Ich wünschte mir an diesem besonderen Tag, dass er mir ein Zeichen gab. Genau in diesen Moment fuhr jetzt ein großer Schleppdampfer ganz nah und langsam an uns vorbei. Ein freudiger Ausruf meiner Schwägerin Elisabeth versetzte mich in einen Glückszustand, den ich kaum beschreiben konnte. Sie hatte wie ich sofort erkannt, dass dieser Schlepper den Namen meiner Tochter Iris trug. „Hast du das gesehen?" rief sie mir vom anderen Ende des Tisches zu. Wir beide entdeckten am Bug und Heck zweimal in großer schwarzer Schrift den Namen IRIS! Alle wurden aufmerksam und freuten sich mit mir, als ich den Grund kurz erläuterte. Gleichgültig, was es für ein Zeichen war: Heute war es ein Schleppdampfer, der den Namen Iris trug. So, als rief sie mir zu: „Hallo Mama, ich habe dich nicht vergessen, ich bin da!" So hatte ich in Verbindung mit der Elsenburg gleich zweimal ein Zeichen erhalten.

Meine Geschichte hatte jetzt zum dritten Mal ein wunderschönes Ende gefunden. Was sollte jetzt noch kommen, fragte ich mich. Alle Wünsche waren erfüllt, alles war so eingetroffen, wie ich es mir gedacht hatte. Wir freuten uns gemeinsam über unser Beisammensein. Vor dem Abendbrot sollte es für meinen Mann und mich noch eine Überraschung geben. Wir wurden vor der Abendbrotzeit auf die Terrasse gerufen. Sabine, ihr Mann Kai und Sky überreichten jedem einen rosaroten Luftballon mit einer silbernen 70 darauf. Auf Kommando ließen wir die Ballons fliegen.

Mit einem „Ah“ und „Oh, wie schön“ schauten wir den farbenfrohen Ballons nach. An ihnen hing jeweils ein Herz mit unserer Email- Adresse, vielleicht meldete sich ja ein Finder.

Nach dem Abendessen stellten wir in unserer formellen Begrüßung mit einem „Dankeschön, dass ihr heute alle gekommen seid“, unsere Familien vor und wünschten uns ein fröhliches Beisammensein.

So wurde es auch: Wir erlebten ein sehr unterhaltsames, harmonisches, fröhliches und friedliches Fest. Es wurde erzählt, gelacht und Erinnerungen ausgetauscht. Beide Familien waren sich auf Anhieb sympathisch. Wir bedankten uns für diese vielen ideenreichen Geschenke und versprachen, uns alle irgendwann einmal wiederzusehen. Um dieses Wiedersehen Wirklichkeit werden zu lassen, hatten wir uns von jedem als Geburtstagsgeschenk gewünscht, dass sie uns individuell einladen sollten.

Anfang und Ende einer wahren Geschichte

In dieser frohen Runde saß auch meine Kusine Ingrid, die Frau meines verstorbenen Cousins Alfred. Auf sie und ihre Sohn Mattias hatte ich mich ganz besonders gefreut. Mit dieser Familie fing ja im Februar 2010 diese Geschichte an. Viele Jahre mussten vergehen, um damals mit ihm und seiner Familie zu feiern. Nie war es dazu gekommen, warum erst im Jahre 2010, wo es fast zu spät war? Wie gut, dass wir Alfred noch fröhlich erlebt hatten!

Aber jetzt war Ingrid endlich mit ihrem Sohn Mattias bei uns, der hier auf der Elsenburg seinen zwanzigsten Geburtstag feiern konnte. Gemeinsam blieb Ingrid und mir genügend Zeit, noch ausführliche Gespräche zu führen. Sie erinnerte mich, dass Alfred damals in ein Hospiz kam. Hier konnte er seine letzten Tage in einer für ihn leichteren Umgebung verbringen. Wieder fielen mir die Ähnlichkeiten zwischen diesen beiden Fällen auf: Auch Iris, die Frau meines Professors, ging in ein Hospiz.

Aber was Ingrid mir jetzt von Alfreds letzten Minuten erzählte, bedeutet wirklich, dass der Kreis sich geschlossen hatte.

Alle Angehörigen des Hospizes kamen, als bunte Schmetterlinge verkleidet, in sein Zimmer. Sie stellten sich um sein Bett und legten ihm zum Abschied einen orangefarbigen Papierschmetterling in seine Hände, der mich mit seinen Farben sofort an meine Iris erinnerte.

Da Ingrid schon einiges über meine Geschichte gehört hatte, brachte sie diesen Schmetterling mit auf die Elsenburg. Sie hielt ihn in ihrer Handfläche und zeigte mir, wie schön er war. Ich sah ähnliche Farben wie von meinem Admiral IRIS. Mir fehlten einfach nur noch die Worte. Mit einem Schmetterling von Alfred hatte offensichtlich schon alles begonnen. Erst jetzt, nach sechs Jahren, sollte ich dieses von Ingrid erfahren. Sie war genau zum richtigen Zeitpunkt gekommen. Alles zusammen ergab einen richtigen Sinn für meine Geschichte. Mein Puzzlespiel kam dem Ende näher:

Cousin Alfred, Frau Iris, meine Tochter Iris Barth. Sie waren die drei Schmetterlinge, die mich drei Jahre lang in meiner Geschichte begleitet hatten. Und dann war die Feder zum Andenken an meine Mutter Else Baum bestimmt.

Anfang November bekamen wir von einem einzigen Luftballon-Finder eine E- Mail. Vielleicht war es ja ein Zeichen, dass mir wieder ein einziger Schmetterling im nächsten Jahr etwas Besonderes zeigen wird, das nur er und ich wissen?

Deshalb wünschte ich mir, dass mich diese vier Menschen ein Leben lang weiterhin begleiten, und bedankte mich bei ihnen dafür. Sie hatten, ohne es selbst erlebt zu haben, mir eine Geschichte geschenkt. Ohne sie gäbe es diese Geschichte nicht:

Der Admiral – Zufälle, die keine sind

*Heidi Witzig *14.7.1946 in Berlin-Spandau*

Mit ihrer Schwester Christel verbrachte Heidemarie Baum eine fröhliche und unbeschwerte Kindheit in einer Wohnkolonie, wo sie alle zusammen mit der Großmutter in einer gemütlichen Gartenlaube lebten. Sie lernte den Schreiner Arno Küthmann aus Oldenburg kennen, heiratete ihn und brachte mit 17 Jahren Tochter Iris zur Welt. Als 1963 die Laubenkolonie abgerissen wurde, zog die junge Familie nach Oldenburg. Dort bekam die gelernte Friseurin Heidemarie noch die Tochter Sabine und den Sohn Helge.

Da sie kein Telefon besaßen, schrieb sie zum Teil achtseitige Briefe nach Berlin; damals träumte sie schon davon, irgendwann einmal ein Buch zu schreiben. Als ihr Ehemann eine Anstellung bei der Bundeswehrverwaltung fand, lebte die Familie von 1970-1974 in Fontainebleau, Frankreich. Anschließend zogen sie nach Mainz. Heidi Küthmann selbst erhielt eine Stelle als Telefonistin bei der Bundeswehr, wo sie im Alter von 30 Jahren die Prüfung, u.a. auch „Blindschreiben", mit Bravour bestand. Damals wurden die Verbindungen noch von den „Fräuleins vom Amt" an einer großen „Stöpselanlage" aufgebaut.

Nach der Trennung von ihrem Mann heiratete Heidi 1995 wieder. Ihr Ehemann wurde als Generalstabsoffizier 2001 in die Niederlande versetzt, wo er fünf Jahre blieb. Heidi Witzig selbst kehrte 2002 nach Mainz Hechtsheim zurück. 2006 ging sie in Rente und nahm 2010 eine Stelle als Hausdame bei einem Architekten-Ehepaar in der Oberstadt an. Zufällig – oder eben nicht – hieß die Dame des Hauses Iris, welche alsbald verstarb. Wenige Jahre später starb auch Heidis Tochter Iris, kurz darauf ihre Mutter in Berlin-Spandau.

Als Heidi am 16. Juli 2014 auf dem nahegelegenen Hechtsheimer Friedhof mit dem Hund ihrer aus Berlin zu Besuch weilenden Schwester spazieren ging, saß ein wunderschöner Schmetterling, ein Admiral, auf einem Stein. Es zog sie zu ihm und sie hatte das Bedürfnis, ihn zu fragen, ob sie sich zu ihm setzen durfte, was er zuließ. Spontan nannte sie ihn nach ihrer verstorbenen Tochter „Iris", und der Schmetterling kam tatsächlich zu ihr. Dies geschah immer wieder über einen Zeitraum von drei Jahren! Naturgemäß war es immer ein anderer Admiral, seltsam genug. Dabei flog der Schmetterling bestimmte Grabmale an, so als wollte er ihr etwas zeigen. So setzte er sich auch auf einen Grabstein mit der Inschrift „Baum".

2015 fing Heidi Witzig an, über diese seltsamen Vorkommnisse zu schreiben und sie mit Fotografien zu belegen. Damit ging ein 40-jähriger Traum, ein Buch zu schreiben, in Erfüllung. Die unglaublichen Begebenheiten trösteten sie über den Tod ihrer Mutter und ihrer Tochter hinweg, und diesen Trost und die Kraft möchte sie mit ihrem Buch an viele Menschen weitergeben, die Ähnliches erlebt haben. An Zufälle im Leben glaubt sie nach diesen Erlebnissen nicht mehr. Derzeit schreibt Heidi Witzig an ihrem zweiten Buch mit Geschichten aus ihrem Leben, mit dem Arbeitstitel „Mitten ins Herz – Achterbahn der Gefühle", das an das erste Werk anknüpft und in dem auch wieder ein Schmetterling im Vordergrund steht.

WEITERE BÜCHER ZUM THEMA TRAUERBEWÄLTIGUNG

– ERSCHIENEN BEI DER BRIGHTON VERLAG® GMBH

Peter Steinwand
Aufgeben? Pah, warum denn!
ISBN 978-3-95876-680-8
19,90 €

In diesem Buch erzähle ich die Geschichte meiner kleinen glücklichen Familie oder dem, was davon übrig blieb. Ich erzähle vom wirtschaftlichen Auf und Ab, von den Glanzzeiten und von den Tiefpunkten meiner Familie. Und ich erzähle, wie sich meine Familie im Laufe der Jahre langsam auflöste.

Silvianne Lorenz • Die letzte Zeit
ISBN 978-3-945033-32-6 • 56 S. • 19,90 €

Es gibt nichts, was die Abwesenheit eines geliebten Menschen ersetzen kann.
Je schöner und voller die Erinnerung, desto härter die Trennung, aber die Dankbarkeit schenkt in der Trauer eine stille Freude. Man trägt das vergangene Schöne wie ein kostbares Geschenk in sich.
(Bonhoeffer)